RETOS
DE LA
ESPIRITUALIDAD:
Una Reflexión
Sicológica Pastoral

Dr. David Alicea

Créditos

Autor:
Dr. David Alicea

Editora:
Prof. Mayda Burgos Córdova

Diseño:
Rolando Rodríguez G.

Copyright © 2020

Impreso en Colombia
Editorial Nomos S. A.

ISBN 9781941338445

Contenido

Prólogo

n nuestro tiempo el cristianismo está bajo asecho constante. Las razones son muchas, y variadas. Vivimos en un mundo de disidencia y falta de asertividad. Esto les brinda a los seres humanos la oportunidad de debatir fundamentos que por mucho tiempo han sido los pilares de nuestra fe. Es por eso que se hace urgente escribir con responsabilidad y profundidad. No solo para defender lo que creemos, sino que para, entre todos, abrir nuevas vías de comunicación.

Entre las múltiples encrucijadas que confronta el Evangelio está una lucha tenaz por mantener la integridad de la sana doctrina. La amenaza a su pureza es un fenómeno en aumento. Uno de los elementos que fomentan esta lucha es la disminución de la predicación didáctica, con base y fundamento bíblico.

El arte de predicar requiere de varias características indispensables. Sin duda, la más importante de todas es el fundamento de la fe y el objetivo que se persigue. No puede haber una predicación efectiva si Cristo no está, y como diría Pablo: "y este crucificado". El mensaje que se predica en nuestro tiempo está bajo fuego. Su permanencia en el corazón de cada oyente depende de la obra del Espíritu Santo, pero este, a su vez, reclama que exista una semilla sembrada. La pregunta que nos hacemos es ¿qué estamos sembrando en los corazones? ¿Qué semilla se esparce en este tiempo? Es difícil la labor de predicar la verdad entre mensajes de entretenimiento, de juicio, de pruebas sin esperanza… Mensajes sobre las riquezas y otros temas inconsecuentes. En muchas ocasiones la cruz y aun el mismo Cristo han quedado olvidados y rezagados. Entonces es nuestra obligación mantener la voz en alto, en un mundo de tantas voces y ruidos.

Es por eso que la obra del Rev. Alicea se distingue de las demás. Y se distingue porque el autor le dio su vida a Jesús y su llamado nació en el mismo Calvario. Una vida que tiene semejante comienzo nunca se olvida de su origen y mucho menos de la obra redentora de quien lo llamó. La cruz es su norte. Allí nace su predicación. Su mensaje está matizado con la sangre redentora de un Cristo vivo, lleno de misericordia. Ese Jesús que todavía camina por las calles de los desahuciados, por las orillas de los escombros sociales, donde muchos de nosotros hemos sucumbido alguna vez. El Jesús del mensaje contenido en esta obra es el bíblico.

En esta obra el autor se ha impuesto la tarea de esgrimir una palabra sólida para un mundo en crisis. Es una colección de mensajes cristo céntricos elaborados con amor al prójimo. Para lograr su cometido el autor combina la destreza de su conocimiento académico con la madurez adquirida en su experiencia pastoral. El mensaje expuesto está construido con la intención única de persuadir al lector a que reflexione sobre su vida. Esta es la reflexión necesaria que se hace mirándose desde la cruz. Porque es desde la cruz la verdadera forma en la que un ser humano debe mirarse. El autor insiste en esa mirada desde la cruz con el propósito de que seamos confrontados con nuestra realidad existencial.

Cuando esa reflexión desde la cruz nos alcanza, ocurre el fenómeno de la metamorfosis holística dentro de la vida endeble que vivimos. Ese es el mensaje verdadero.

El mensaje desde la cruz sana las heridas, provee paz a nuestras ansiedades, da esperanza en la crisis y ánimo en las depresiones. Ese mensaje es un regalo para el mundo entero. Hay que predicarlo y en esta obra nos lo ofrecen.De esa manera su lectura sosegada refuerza nuestra fe ante toda adversidad.

Usted encontrará en las páginas siguientes un mensaje necesario para su vida. Leerá a Cristo en cada ilustración expuesta desde el reflejo de la cruz. Aprenderá a apreciar a nuestro Salvador visto en su plena ejecutoria de amor incondicional para cada ser humano. Estas páginas son como hojas sueltas del camino que parecieran tratados del reflejo de un buen samaritano para cada herido de la vida.

Finalmente me queda atestiguar que el autor es un hombre de Dios. La sensibilidad de su escrito nace de su relación con su Señor y Rey. La experiencia de esa relación que por tanto tiempo ha sido el norte de su predicación se destila en cada página del texto. Su esfuerzo por dejar un legado hace de este libro un testamento de fe. Me place invitarles a leer una obra diferente. Son reflexiones desde la cruz. Es palabra al alma. Solo me resta decir lea, procese, crezca, madure y proclame. Eso es lo que hacemos los que desde la cruz somos transformados por una reflexión de un verdadero discípulo de Cristo.

Lcdo. Magdiel E. Narváez Negrón

Introducción

Cuando se emprende una reflexión seria sobre la espiritualidad la pregunta inicial debe ser qué es la espiritualidad, sobre todo cuando vivimos en un mundo que ha sufrido cambios radicales desde el contexto de la Iglesia, ya sea esta histórica o post-moderna, incluyendo las nuevas corrientes filosóficas, los rituales cúlticos y las prácticas de la meditación y de los ejercicios trascendentales.

La espiritualidad no se puede definir desde un solo paradigma eclesial. Shelldrake (2007) la define como uno de los valores más profundos, desde el que cada persona puede desarrollar una visión para realizarse y alcanzar su máximo potencial. No obstante, tal definición es un tanto genérica y en ella están ausentes los valores que provee el contexto religioso bíblico.

Necesitamos atender el fenómeno de la espiritualidad desde el contexto cristiano - bíblico al que debemos sumar el enfoque sicológico emocional. Nuestro análisis quiere considerar, también, el elemento cultural puertorriqueño desde el contexto de la iglesia, cuya historia y peregrinaje demandan profunda reflexión.

Pretendemos destacar algunos retos significativos que necesitan atención inmediata desde el parámetro espiritual, considerando su relación con la Iglesia de hoy y con las dinámicas carismáticas que han marcado nuestra espiritualidad, para facilitar dos acciones: entender el concepto y capacitarnos, para crecer a la altura, anchura, longitud y profundidad de la multiforme gracia de Dios.

El apóstol Pablo explica estos conceptos correctamente en Efesios 4:12-32: "A fin de capacitar a los santos para la obra del ministerio, para la edificación del cuerpo de Cristo; hasta que todos lleguemos a la unidad de la fe y del conocimiento pleno del Hijo de Dios, a la condición de un hombre maduro, a la medida de la estatura de la plenitud de Cristo; para que ya no seamos niños, sacudidos por las olas y llevados de aquí para allá por todo viento de doctrina, por la astucia de los hombres, por las artimañas engañosas del error; sino que hablando la verdad en amor, crezcamos en todos los aspectos en aquél que es la cabeza, es decir, Cristo, de quien todo el cuerpo (estando bien ajustado y unido por la cohesión que las coyunturas provee), conforme al funcionamiento adecuado de cada miembro, produce el crecimiento del cuerpo para su propia edificación en amor". *(La Biblia de las Américas)*

La espiritualidad es libre

Es fácil ceder a los reclamos de las tradiciones. Aunque no neguemos su importancia, tenemos que reconocer que la espiritualidad no puede ser prisionera del pasado ni de paradigmas que no responden a las necesidades del momento, pues si la teología es cambiante así también lo son los parámetros de la espiritualidad. *Hay que aprender a leer las señales contemporáneas de la espiritualidad.*

Torrent (2016) nos dice: "Indagar libremente en las tradiciones espirituales y de sabiduría es buscar en ellas su esencia, su realidad plena y última, más allá de las formas en que se de en cada momento histórico, en cada ubicación geográfica. Los contextos son imprescindibles para comprender los textos, pero lo principal es captar el texto y su sabiduría, su mensaje, su sentido, su verdad. *Debemos poder releer y aprender a vivir la sabiduría de la espiritualidad desde las categorías propias de las sociedades de conocimiento y cambio continuo.*

Esta realidad nos insta al gran reto: cada ser humano debe vivir reconociendo su capacidad espiritual y su proyección. Así podrá lograr una realización espiritual personal que responda a su contexto inmediato, sea este cultural, eclesial o religioso.

En otras palabras, la espiritualidad no puede tener un sello o marca específica de algún grupo, denominación o esquema socio-cultural. *La espiritualidad es libre, espontánea, vigorosa, creativa, personal y su común denominador es la realización de una vida en contacto y relación con Dios.*

No es nuestro deseo presentar un nuevo marco o sistema programático sobre la espiritualidad. Pretendemos acercarnos lo más posible a la espiritualidad de Jesús y a cómo esta permeaba su estilo de vida, su mensaje y relación con el prójimo y con Dios.

La espiritualidad supera los parámetros del mundo

Cuando nos acercamos a las dimensiones de la espiritualidad encontramos que esta se manifiesta sea que estemos en paz o en guerra, sea que nuestra conducta sea madura o inmadura, sea que asistamos ocasionalmente a la Iglesia, o sea que nuestro mundo sea la Iglesia. La espiritualidad se manifiesta, asimismo, cuando estamos alegres o tristes, cuando las cosas nos salen bien, o cuando nos salen mal. *La dimensión de lo espiritual no queda arrestada ni caduca su efectividad por los parámetros de este mundo ni por cualquier otra fuerza fuera de nosotros. Soy un templo de Dios que cobija y abraza el don maravilloso de una espiritualidad. ¡No es un cuerpo con espíritu, sino un espíritu con cuerpo!*

Nee (2005) nos dice: ¿Cómo puede comprender un creyente la vida espiritual si no conoce el alcance del mundo espiritual?

Todos tenemos la responsabilidad de involucrarnos en el "proyecto espiritual". En este debemos redescubrir los parámetros de nuestra vida interna, su efecto en nuestras emociones y en el subconsciente, junto al reclamo de un crecimiento personal sanador e integral. Desde este parámetro podemos conectarnos con lo santo, con la realidad de Dios y su plan de salvación.

Debemos iniciar este viaje, con la mente y corazón abiertos para salir de la cueva de la intimidación e ignorancia que limitan el potencial de nuestra salud mental, emocional y física. Teilhard de Chardin (2008) dijo al respecto: "No somos seres humanos atravesando una experiencia espiritual; somos seres espirituales viviendo una experiencia humana". Es desde esta perspectiva que me atrevo acercarme al inmenso reto que presenta la espiritualidad, especialmente en un mundo donde los elementos tradicionales están siendo conmovidos y transformados. El núcleo de la familia, la Iglesia como institución histórica, el sincretismo religioso, los prejuicios culturales y personales, y sobre todo, los cambios climatológicos y ambientales son algunos retos en los que la espiritualidad tiene algo que enseñarnos. Porque, definitivamente, la vida es orgánica y demanda un crecimiento habitual, no se detiene ni espera por nada ni nadie. Eliminar tal posibilidad y la participación en la misma, es negar el derecho de la vida y perder toda posibilidad de crecimiento personal. El detonante de la vida es armonizar nuestra espiritualidad con tal derecho y deber. El apóstol Pablo se refiere a este asunto en 1 Corintios 13:11, cuando declara:

"Cuando yo era niño, hablaba como niño, pensaba como niño, juzgaba como niño; mas cuando ya fui hombre, dejé lo que era de niño".

Como creyentes, pero sobre todo, como seres humanos con la capacidad espiritual de maximizar y experimentar la grandeza y bendición de Dios, es nuestro deber remontarnos en la dimensión espiritual y experimentar su efecto. Hay que dejar atrás las cosas "de niños". Es urgente crecer para vivir la vida abundante a la que fuimos llamados y para la que hemos sido capacitados.

En este libro discutiremos algunos retos relevantes sobre la espiritualidad, con la esperanza de que les ayude a crecer con el fin de ser felices y de servir a Dios y al prójimo. Confío en que la lectura y las prácticas que se proponen sean de bendición a su vida. Reconocemos la obra del Espíritu de Dios que nos invita a participar de un proceso que paso a paso nos ayudará a soltar aquellos elementos tóxicos que destruyen la vida, para abrazar los componentes que ayudan a fortalecerla y sanarla emocional y espiritualmente.

¡Comencemos juntos este peregrinaje de fe!

CAPÍTULO I

El reto de la espiritualidad: la fragilidad humana

Y he aquí, se le acercó un leproso y se postró ante Él, diciendo: Señor, si quieres, puedes limpiarme. (Mateo 8:2)

No se puede encontrar la paz, evitando la vida… (Virginia Woolf, -1882-1941)

Uno de los grandes retos de la espiritualidad es identificar la dimensión humana y cómo esta se conecta con los quehaceres de la vida. Creo fielmente que cuando Dios creó al ser humano, lo hizo con la capacidad de responder excepcionalmente al ambiente desde sus sentimientos y emociones, junto a la capacidad intelectual y espiritual, todo en una misma dimensión. Es decir, que existe en nosotros no solo la capacidad para integrarnos a la vida, sino también la de responder a esta de una forma integral, con las herramientas provistas por Dios. Dios no creó al ser humano para que desarrollara emociones tóxicas, complejos ni luchas existenciales que generen conflictos entre el cuerpo y espíritu. Su promesa siempre ha sido una vida abundante. La palabra clave es *armonía*

La misma oración de Jesús en el evangelio de Juan, capítulo 10 afirma la protección del Padre, y a la vez determina que en el mundo tendremos conflictos, pero estos no deben drenar la vida, y menos aún crear ramificaciones de dolor, porque tenemos su paz, amor, cuidado y presencia, herramientas de la Gracia listas para el diario vivir.

Desde la armonía

omo expresamos, hay una palabra clave que nos da la certeza para responder a tal reto en la vida: *armonía*. El diccionario Webster, la define como ´equilibrio, proporción y correspondencia adecuada entre las diferentes cosas de un conjunto". Somos seres excepcionales, con la capacidad integral de responder a la vida y en la vida, desde la dimensión de la *armonía*, es decir, desde el conjunto de los elementos espirituales, emocionales y físicos que son parte de nuestra identidad y cuya capacidad se perpetúa en el diario vivir. No podemos fragmentar esta bendición porque nos exponemos a hacernos pedazos. Estar divididos y vivir en contra de nuestra naturaleza humana es entrar en un túnel de complicaciones que no son necesarias y que son, sobre todo, dolorosas.

Parte de la misión del evangelio es exaltar a Dios y lograr que los seres humanos disfruten de la vida. Esto no significa que faltarán los retos o problemas, o que no pasaremos por experiencias que nos marcarán y aun destrozarán el corazón. Vivir es lanzarse a una aventura que tiene sus altas y bajas. No obstante, ¿cómo vamos a reaccionar? ¿De qué manera vamos a trabajar para solucionar dicho reto? Este es el vaivén y cántico de la sirena de la vida.

La sicología moderna nos ha enseñado que vivimos por lo que vemos y sentimos, por tal razón, debemos disciplinarnos sobre cómo miramos la vida y cómo interpretamos cada experiencia en el peregrinaje que tenemos por delante. En esto consiste la fragilidad humana, estamos hecho de barro, pero con la capacidad de pensar y analizar; de ser críticos y prudentes, entre muchas otras virtudes. Es claro que también poseemos limitaciones y debilidades. Pero, no podemos ser como el ´Doctor Jekyll y Mr. Hyde´´, que hoy somos y mañana no. Aunque estamos hechos de barro, nuestro reto es tener balance, armonía. Sobre este asunto la palabra de Dios es clara en Romanos 12:2 cuando declara: ´´No os conforméis a este siglo…´´

La espiritualidad: mayordomía de alta calidad humana

¿Qué es "conformarse al siglo"? "Conformarse" es perder la oportunidad de crecer como seres humanos, especialmente si entendemos que las crisis son parte del taller de Dios para producir creyentes fortalecidos y con madurez espiritual. Es en medio de las crisis que aprendemos y adquirimos la madurez espiritual para balancear nuestra fragilidad humana. Desde este reiteramos que la espiritualidad no se determina por dogmas, religiones, reglamentos, pólizas, doctrinas, concilios, filosofías, denominacionales o cualquier otro parámetro institucional. *La espiritualidad se define y determina desde nuestra relación con Dios y lo que aprendemos a través de nuestras batallas.*

Es evidente que no podemos negar la influencia de estos elementos, no obstante, el llamado es a vivir con ″integridad de Ser″ (Shillebeeck, 1986), afirmando la misión de ser, y de vivir. Ciertamente tenemos retos que afectan nuestra dimensión sentimental/emocional y que tienen efectos aun sobre nuestro cuerpo. Este se desgasta de día en día y sufre los embates del diario vivir.

La espiritualidad es una mayordomía de alta calidad humana. Lo humano cobra carácter de vida cuando a su vez lo espiritual se celebra, se desarrolla y se vive. Es bello entender que el Dios de la vida, la conoce y sabe por lo que estamos pasando. Lo increíble es que Él ha preparado ricas y abundantes bendiciones para que disfrutemos la verdad del evangelio y reconozcamos su señorío sobre nosotros.

La historia de un leproso

Veamos un ejemplo clásico que define las luchas de la vida y la fragilidad de esta.

Era una tarde, casi entrada la noche, el sol candente dejaba su huella sobre los hombros de aquel agricultor que día a día salía a buscar el sostén para la familia. De repente, (esos *de repentes* en la vida que traen sorpresas existenciales que pueden agotarte en fracciones de segundos o dejarte sin aire por el asombro de su impacto), aquel agricultor sintió un ardor en todo su cuerpo. La fiebre aumentaba y rojo como el ocaso mismo de aquel sol, su cuerpo empezó a llenarse de manchas grandes y dolorosas. Sin vacilación alguna, se dirigió al sacerdote. El médico de su tiempo hizo las pruebas de rigor y llegó al triste diagnóstico: el hombre tenía lepra.

No hay garantías en la vida de que momentos críticos como este lleguen, sin anunciarse, sin pedir permiso, sin tomar en cuenta tu agenda, estilo de vida o estado emocional/espiritual. ¿Cuántos pueden identificarse con esta realidad? La realidad de la vida es que esos son los círculos concéntricos que van y vienen trayendo buenas nuevas o malas noticias y que son parte del reino universal de nuestra existencia. No se puede evitar la vida y sus "de repentes". No obstante, es interesante reconocer que tal realidad es parte de nuestra existencia.

No podemos huir de los problemas y menos cuando llegan sin avisar. ¡Cuando la vida te da un golpe duro y sin ningún tipo de consideración, no es fácil vivir, pero hay que atreverse porque la otra opción es morir en vida y rendirse al abismo de la enajenación!

Erick Erickson (1983) en el *Diario del ciclo de la vida* nos presenta ocho etapas del desarrollo humano. Cada una conlleva elementos de crisis producidos por los ciclos de crecimiento. Las etapas que describe son las siguientes: bebé, infante, preadolescencia, adolescencia, joven, adulto y anciano. En cada una ocurren cambios generacionales, físicos y emocionales.

Los cambios también son producto de las influencias culturales, la base económica, el nivel de educación y las experiencias vividas. Un preadolescente (10-14 años) etapa que se caracteriza por el desarrollo muscular y el cambio de voz, entre otras condiciones, emocionalmente tiende a crear un sentido de identidad y comienza a sentir deseos de independencia. Ya no es un niño llevado de la mano.

Estos cambios conllevan algunas crisis. En la escuela los niños se mofan del compañero cuando salen los famosos ''gallitos melodiosos'', vergonzosos para el adolescente. Si a las crisis típicas del cambio, se añaden experiencias traumáticas que perjudican el crecimiento normal, entonces tenemos huellas dolorosas que marcan la vida produciendo "lepra emocional". Un divorcio, la muerte de un pariente, el acoso sexual de parte de quien debe ser su protector, son experiencias tristes que permanecen y producen un dolor que aprendemos a cubrir, o tratamos de olvidar. Este nunca desaparece si no se trata profesionalmente. Entonces, lo disfrazamos con máscaras que son detonadas por estímulos negativos en el transcurso de la vida.

¿Cuántos no hemos proyectado el dolor en diferentes circunstancias? ¿Cuántos se lamentan cuando su vida espiritual recibe facturas por la bancarrota de sus emociones? La lepra se apodera, toma control y nos saca del carril de la felicidad y la paz.

Ahora mismo, usted puede pensar en los momentos dolorosos de su peregrinaje existencial y se puede preguntar, ¿por qué dije o hice eso? La culpa y la frustración se apoderan del pensamiento afectando nuestro comportamiento. No se puede ser feliz sin resolver asuntos espirituales/emocionales. No se puede ser feliz con la lepra. *El reto de la espiritualidad es nuestra fragilidad humana*.

¡Inmundo!

Volviendo al leproso del evangelio de Mateo 8, tres cosas sucedían ante un diagnóstico tétrico y doloroso como el de lepra. La primera era que el mismo sacerdote que pronunciaba dicho mensaje, a renglón seguido le condenaba su espíritu, basando su edicto en la ley de la retribución judía. Es decir, que se interpretaba su condición física como juicio de Dios. Se pensaba que algún pecado había cometido y estaba escondido en el clóset emocional y espiritual. Por tal motivo, Dios le estaba castigando por tal acción. Luego con voz litúrgica lo proclamaba: ˝INMUNDO...˝ Es decir, un castigado por Dios y, sobre todo, alguien con quien Dios no quería ningún tipo de relación, sin manera de recibir el amor del Dios que profesaba ser amoroso con todos, excepto con los inmundos llenos de lepra.

¿Se imagina usted la repercusión espiritual en la vida de este hombre al ser declarado inmundo por su líder religioso? El líder religioso que tenía toda su confianza en asuntos teológicos y que era conocedor de la perfecta voluntad de Dios lo declaraba inmundo. El hombre había recibido UNA MARCA NEGATIVA IRREPARABLE PARA EL ESPIRITU HUMANO. ¿Cuántas veces no te has sentido así? ¿Cuántos creyentes dejaron hoy la iglesia del Señor porque tuvieron unas experiencias negativas en esta? Es una realidad que hoy vivimos por la falta de visión y misión en las iglesias, o por la falta de comprensión y misericordia. El gran Shillebeeck, un teólogo dominico belga, cuenta su experiencia. Con gran tesón y pasión quería ser pastor. Luego de un largo diálogo con el Obispo, este último le dijo: ''Usted no tiene las cualidades - y nunca las tendrá - para ser pastor.''

El dolor que marcó su vida fue increíble y profundo. Cosas como estas suceden y a veces no las podemos entender. ¿Cuál es tu historia? ¿Qué te ha pasado? ¿Cómo estás trabajando tu dolor? Cuando no buscamos ayuda se forma la lepra en nuestra fragilidad humana. ¡Dios es el Dios de la misericordia y el perdón! La vida puede darnos duro. Como al leproso de *Mateo 8*, nos llegan momentos que cambian nuestra vida para mal, pero debemos tener ánimo porque la historia del leproso es un gran ejemplo de la fragilidad humana, pero también es la afirmación del Dios que la hizo y la bendice.

El reto de la espiritualidad es establecer la salud emocional utilizando las herramientas de la Gracia de Dios para superar estímulos emocionales tóxicos, las experiencias negativas y las traiciones dolorosas que llevan al abismo de la impureza y disfuncionalidad emocional/espiritual. Hay que ser valiente para confrontar el dolor, tomando decisiones que promuevan una disciplina de salud integral. Usted dirá: ¿cómo puede salvaguardar mi vida de experiencias negativas? ¿Cómo puedo velar por mi espiritualidad? ¿Qué implica limpiarme de mi lepra? Preguntas razonables y prácticas que nos retan a compartir la realidad de la salud integral espiritual. Lo primero que debemos hacer es identificar nuestra lepra. Hay muchas formas de hacerlo. Tenemos que sensibilizarnos para descubrir las señales que continuamente se experimentan en nuestro peregrinaje. Este paso es de suma importancia, pues es el paso que inicia el proceso de la salud integral espiritual.

¡Sin hogar!

Hoy día se nos hace difícil reconocer, escuchar o sentir las señales que nuestro cuerpo, las emociones y el espíritu nos lanzan. Dios ha dispuesto una química espiritual, mental y física que nos alertan cuando algo no está bien. Es sumamente importante tomar tiempo para disipar los ruidos del cotidiano vivir y así empezar a tomar medidas hacia la salud espiritual. El ejemplo del leproso de Mateo 8 es clásico. Ya había sido declarado inmundo,pero ahora tenía que proceder a otro esfuerzo crítico y devastador. Por mandato del sacerdote, tenía que abandonar a su familia inmediatamente.

No había tiempo para despedirse, para planificar su relocalización o simplemente para dar los últimos abrazos de calor humano y familiar. ¡Tenía que irse del complejo de la ciudad, del marco de su casa y del apoyo familiar inmediatamente! Abandonar el hogar es una afrenta intolerable, especialmente para la salud espiritual y emocional. Manejar transiciones es un esfuerzo agotador, crítico y con repercusiones de "choques" culturales (Bridges, 2009). Los cambios no son atractivos, especialmente cuando implican dejarlo todo atrás y continuar adelante. Implican enormes esfuerzos emocionales y espirituales.

Yo no me puedo imaginar al patriarca Abraham, cuando recibe de parte de Dios la ordenanza de dejarlo todo y marchar hacia adelante a un lugar que no conocía y sin saber hacia dónde Dios lo llevaba. Pero Abraham sabía algo importante: estaba en las manos de Dios.

Este no era el caso del leproso de Mateo 8. Tenía que abandonar su hogar y salir de su amada ciudad, dejando atrás a seres queridos y lazos familiares. Sobre todo, llevando consigo el estigma de que Dios lo estaba castigando y no quería saber más de su persona.

Muchos nos podemos identificar con el leproso. Como capellán de las Fuerzas Navales de los Estados Unidos yo tenía que salir en una embarcación para navegar por el Mediterráneo, el Golfo Pérsico y todas las costas de Estados Unidos en misiones y operaciones navales. Todavía guardo los recuerdos de cuando tenía que partir por semanas y a veces meses, dejando atrás a mi querida esposa e hijos. Experiencias como esta nos rompen el corazón. Se siente un vació inexplicable. En mi caso, sabía que regresaría, pero el leproso de Mateo 8 salía para nunca regresar.

El espíritu humano necesita un hogar, un marco de apoyo y una base que produzca seguridad. Esto es de suma importancia porque el mejor sistema evaluativo, los mejores ojos del alma y las voces que producen una radiografía espiritual son los que más cerca están de nosotros, es decir, nuestra familia inmediata. Su presencia implica que podemos contar con personas que están en nuestro círculo familiar, que de una forma u otra nos presentan nuestra realidad y que tal vez nos ayudan a tener los pies en la realidad. Por tal motivo, la ruptura familiar es como una implosión que extermina toda posibilidad de salud espiritual. El efecto de un hogar roto, separado, intoxicado por el alcohol o las drogas y en la mentira o engaño son algunos de los parámetros que producen familias disfuncionales. Abandonar a la familia "a causa de la lepra", es un dolor que llega profundo, drenando la autoestima y lanzando el espíritu humano a la fosa de la inseguridad.

Abandonar el hogar era abandonar la posibilidad de nutrir y recuperar todo esfuerzo espiritual y emocional. Nótese, que cuando hay salud espiritual, hay un hogar sano. Cuando hay salud espiritual no se margina el núcleo familiar. Cuando hay salud espiritual y emocional no se limitan las posibilidades del crecimiento integral. Abandonar el hogar es la ruptura del espíritu, y por ello el Espíritu Santo clama y reafirma que nosotros somos el templo del Espíritu de Dios. Hay que reconocer esa lepra destructiva, y este paso es el primer esfuerzo hacia la salud espiritual, porque es el catalítico que impulsa el deseo de la recuperación y elemento esencial hacia la salud integral en el nombre del Señor. El leproso de *Mateo* tuvo que sufrir el dolor de ser catalogado como un inmundo (excluido del amor de Dios) y en adición, el segundo dolor: abandonar el hogar.

Este cuadro nos anima a reflexionar, brevemente, sobre la familia. Hay familias que conviven bajo el mismo techo, pero no son familia. Hay hogares rotos que aún conviven en medio de los pedazos que quedaron. Más aún, hay matrimonios que están divorciados emocional y espiritualmente, pero conviven bajo el mismo techo. ¿Cómo es posible esta triste realidad? ¡Aprendemos a vivir con nuestra lepra! La globalización post-moderna, la demanda de la tecnología y los medios interactivos mal usados y sin un sentido de planificación de tiempo, el peso de la necesidad económica, los retos del pasado no resueltos, son algunos elementos que dividen y desarticulan el fundamento familiar.

Mantener lo disfuncional no puede resolver nuestra enfermedad de lepra. Tenemos que reconocer la lepra que nos hace disfuncionales para poder dejar que Dios empiece su operación salvífica. Para ciertas personas la Iglesia puede ser esa familia, las amistades, los grupos voluntarios y las organizaciones que se dedican a la salud integral, también pueden serlo. Lo relevante es que debe haber una forma y un grupo que sirva de norte en tu vida. Que produzca el estímulo personal para que se inicie un proceso de salud.

Mientras estudiaba en la escuela superior de mi pueblo, había un estudiante cristiano que siempre hablaba sobre Jesús. Lo hacía en los cambios de clase, en nuestra hora de recreo, en el almuerzo. Incesantemente compartía la palabra de Dios. Los demás lo evitábamos porque parecía un loco. ¡Gloria a Dios por esos locos! Hasta que un día me tocó a mí recibir la palabra de Dios que este joven del Señor predicaba. Ese fue el inicio de muchas preguntas sin contestaciones. Un joven dedicado al Señor fue instrumento para que yo empezar a ver mi lepra. Esas son las cosas de Dios, siempre preparando el camino para que seas limpio de tu lepra. Estos "puntos cardinales" de la vida y de la oportunidad en el Señor pueden llegar con diferentes caras, momentos o inclusive personas que nunca te imaginabas, pero así es nuestro Dios. El Dios de las oportunidades, Él no desea que vivas con la lepra.

Con una campana al cuello

Lo último que se le decía al leproso era que debía atarse una campana de vaca al cuello. Si se acercaba a la ciudad a recoger alguna canasta de frutas o vegetales, (provista por un miembro de la familia o un buen samaritano), tenía que sonarla para alertar a los que se encontraban a su alrededor y evitar el contacto. De acuerdo con la ley Levítica, si una persona tocaba a un muerto o leproso, automáticamente compartía dicho estado. ¡Se imaginan ustedes! Se impone una reflexión: ¿cuánta gente leprosa has tocado en el devenir de tu vida? Con todo respeto; ¿cuánta gente te ha tocado a ti? Me imagino a este pobre hombre, que de un día a otro, sufre tal designio y carga sobre su cuerpo y espíritu la agonía de ser abandonado por Dios (según el Sacerdote), el dolor de perder a su familia (el grupo de apoyo) y finalmente la ofensa más degradante: una campana al cuello y tener que vociferar al sonarla: ˝ ¡Inmundo soy! ¡Inmundo soy! ˝

La gran realidad es que hay personas como este leproso por los caminos de la vida. Personas con el sentimiento de haber sido abandonados por Dios, teniendo una casa, pero sin un hogar, y llevando la carga de la campana de la baja estima, de la culpa, depresión, enojo, vergüenza, frustración, abandono, soledad y muchas otras emociones tóxicas, ya sea por sus circunstancias, por las experiencias negativas o por los traumas del diario vivir.

Reconocer la lepra

El propósito de este libro es presentarte los retos de la espiritualidad. El primer paso para el logro de la salud espiritual es RECONOCER LA LEPRA. Hasta que no reconozcas tu lepra, hasta que no la identifiques, hasta que no te pongas los lentes de la realidad y decidas dar el primer paso hacia la salud espiritual, por más coritos, himnos, oraciones, lecturas bíblicas, brincos, gritos de júbilo y otras manifestaciones personales espirituales cúlticas que experimentes, seguirás con tu lepra, con una vida disfuncional, buscando paz y sufriendo relaciones rotas y dolorosas.

Lo más interesante de este pasaje bíblico - base para nuestro primer paso hacia la salud espiritual - es la actitud del leproso. Nótese que el mismo quería ser limpio. El pasaje bíblico de Mateo 8:2 dijo: "Señor, si quieres, puedes limpiarme..." ¡Gloria a Dios! Este es el gran misterio revelado en el universo de las emociones y sentimientos, *el leproso quería ser limpio,* no cayó preso de la negación y falsedad. Es decir, se cansó de su condición disfuncional, del efecto negativo de sus complejos. Se cansó de su amargura, de tener una baja estima, de sentir los efectos devastadores de la culpa y, sobre todo, del aguijón de la soledad.

Nuestras vidas están marcadas para vivir desde la plataforma del apoyo, reconocimiento y la superación, entre otras necesidades espirituales y emocionales. Necesitamos tener ese deseo de superación y crecimiento personal. Todo ser humano, tiene esa vocecita interna, ¿la escuchas? Una voz que continuamente tiene un diálogo contigo. Es la voz de la conciencia, que no se detiene, que no pierde pie ni pisada de tus actos. La conciencia que aun hoy, con todos los adelantos incorporados por las resonancias magnéticas y su contribución al estudio del cerebro, no se ha podido comprender en plena magnitud de dónde viene y cuál es su rol en los procesos mentales. ¡Es un enigma! (Jeeves, 2013). Pero, abre tus ojos y afina tu sensibilidad espiritual porque Dios te está hablando y quiere que vivas una vida llena de Gracia y amor.

El peligro de vivir en la mediocridad

La negación, o peor aún, acostumbrarse a vivir en la mediocridad es funesto para la fragilidad humana. Entiendo que es el pecado más grande de nuestro tiempo post-moderno. Nos acostumbramos a vivir con nuestra disfuncionalidad, con nuestro pecado, con nuestras limitaciones. Vivimos de esa manera- mediocremente- cargando con la pesada cruz, sin poder, ni autoridad, sin gozo, sin presencia del Dios de la vida. Me imagino al leproso llevando el peso de su triste condición, creyendo que no había salida para su estado melancólico. Pero todo comenzó a mejorar cuando tomó la decisión de cambiar su estado personal y realizarse en la plenitud del Dios que ha prometido vida abundante. Una vez damos el paso de reconocer nuestra lepra, iniciamos una jornada hacia la salud espiritual y, por ende, de vidas plenas en el Señor.

Al leproso no le importaron las tradiciones que lo marginaban a vivir con lepra, él se levantó con todo y campana y se postró ante Jesús. Y con valor y fe, le hace la petición más hermosa que cualquier humano puede hacer: "¡Señor, si quieres puedes limpiarme!" ¿Se imaginan ustedes ese cuadro espiritual? Debemos tomar la decisión, nadie puede hacerlo por nosotros. Tenemos que desear ser limpios. Yo llamo a este acto: *"Avivamiento espiritual."* Cuando la iglesia y sus creyentes desean ser limpios, viene presencia del Espíritu Santo.

El Señor que toca y limpia al instante

o más precioso del encuentro entre el leproso y Jesús, es que el Señor lo tocó y lo limpió al instante. A Jesús no le importó ser declarado leproso, como aquel hombre ¡Se tomó el riesgo! ESE ES MI JESÚS. El que toma tu lugar para llevar tu pecado y hacer de ti un hijo(a) de Dios. El Jesús que no le importa las tradiciones marginadoras del espíritu. El de la liberación y sanidad integral. El Jesús que vino a buscar y salvar lo que se había perdido. El sacerdote lo condenó, Jesús lo salvó. La religión lo despojó de su necesidad espiritual, Jesús lo restituye al templo. Las leyes levíticas lo separaron de la familia, el evangelio puso su hogar sobre la roca inconmovible que es Jesús. Amigo(a), ¿qué vamos a hacer con la lepra que nos condena el alma? Tomemos una decisión. ¿Cómo lo haremos? Pasemos al segundo capítulo para conocer el paso siguiente.

Y recuerde:

No se puede encontrar paz, evitando la vida. (Woolf, 1882-1941)

CAPITULO 2

El reto de la espiritualidad: el inventario de las ramas secas

Entonces, habiendo recogido Pablo algunas ramas secas, las echó al fuego; y una víbora, huyendo del calor, se le prendió en la mano.

Hechos 28:3

Siempre parece imposible, hasta que se hace.

Nelson Mandela (1918-2013)

Iniciamos un proceso que puede ser retante para algunas personas y para otros(as) un detonante que cause miedo y espanto. Porque no es fácil comprometerse con el gran proyecto de la vida que conlleva y demanda crecimiento espiritual y emocional. Si quiero ser feliz, si quiero sentirme satisfecho, y realizar algunas metas en el plano personal, si quiero ser una mejor persona y ser libre, tengo que abrazar *el proyecto del crecimiento espiritual emocional*. El proceso comienza reconociendo las limitaciones y fallas, especialmente cuando se detonan por acciones o comportamientos negativos que conllevan un resultado lleno de dolor y pesar. Esto incluye a todos aquellos que de una forma u otra, tienen contacto con usted.

No le ha pasado que usted mismo se pregunta: ¿por qué siempre sufro la misma situación? ¿Por qué siempre me pasa lo mismo?

Llega un momento en que se nos acaban las excusas y no podemos seguir echándole la culpa a los demás. Es un momento de sobriedad espiritual, el momento cuando realizamos que somos nosotros los responsables, y que no hay nadie más a quien culpar. Porque lo interesante es que, aunque en diferentes contextos, ambientes y tiempos, se sigue repitiendo el mismo resultado negativo. Estos resultados nacen por el abandono, por despidos, relaciones rotas, penas, frustraciones y culpas, entre otros. De aquí surge la disfuncionalidad y esta se manifiesta con diferentes máscaras, pero el dolor y las limitaciones siguen siendo el común denominador. Hay que tener valor para mirarse en el espejo y realizar que en muchas ocasiones somos los arquitectos de nuestros propios fracasos y pesares.

Haciendo un inventario personal

No negamos la realidad de que hay conflictos externos que tienen el mismo efecto. Tampoco negamos que muchas veces nos topamos con gente que traen sus propias deficiencias y limitaciones y pretenden que adoptemos la franquicia de su dolor. La Dra. Sánchez (2015) en su artículo sobre una de las reacciones básicas en la vida declara: ''Hay gente atrapadas en una queja infinita''.

Para algunos estar enferma(o) se traduce en una balada de quejas. Esta es una reacción básica en el comportamiento humano. La realidad es que todos tenemos este derecho, aunque no sea la llave para iniciar un proceso de recuperación. En la vida necesitamos compartir y expresar nuestros dolores y pesares, pero no al grado de que tal situación sea la herramienta para controlar a los demás. La solidaridad y el apoyo existen para recalcar la importancia de sufrir unidos y ser empáticos, de ver en cada corazón el valor del dolor personal y de compartirlo, para juntos caminar por la senda de la superación. Por lo tanto, hay que tener cuidado cuando lo único que vale es "mi dolor" sin importarnos el de los demás. *El reto de la espiritualidad consiste en crear una conciencia madura que responda al conocimiento de que no somos los únicos sufriendo, mientras hacemos, a la vez, un inventario de nuestras limitaciones y heridas.*

Notemos que el primer paso es *reconocer que hay lepra*, ahora necesitamos *hacer un inventario personal de la misma.* Tenemos que tomar muy en serio este paso hacia la recuperación espiritual y emocional, pues; ¿cuántos hay que admiten su lepra, pero no saben cuál es? Es relevante reconocer la lepra, porque pone en perspectiva la personalidad, los sentimientos, las emociones, el diario caminar, el desarrollo de la vida, esfuerzo que culmina en una introspección.

Es interesante que en las sagradas escrituras, especialmente cuando Jesús ministra liberación y sanación, se puede evidenciar el proceso de RECONOCER LA ENFERMEDAD, ya no es tan solo reconocer "que estoy enfermo", sino saber qué enfermedad tengo. Es el proceso de Dios para la vida plena, pues así la persona en proceso de sanación comprende la magnitud y grandeza del poder sanador de Dios.

Hay un sinnúmero de ejemplos que puedo utilizar, pero ninguno como el que se encuentra en Hechos capítulos 27 y 28. Pablo va camino a Roma, preso por predicar el evangelio de las Buenas Nuevas. Ya en el ocaso de su ministerio, y habiendo cumplido con tres viajes misioneros, además de haber fundado varias iglesias y experimentado todo tipo de retos y crisis, nos demuestra la relevancia de la salud interna. Ahora tiene que pasar por su prueba final, va a confrontar otro gran reto espiritual. Desde su salida de Cesárea hasta la isla de Malta, la jornada estuvo acompañada de vientos contrarios, hasta la aparición de una tormenta llamada Euroclidón. Además, tuvo que cambiar de embarcación, iniciando la jornada en la nave Adramitena, llamada "la Nave de la Muerte", porque todos los asignados a esta eran considerados reos de muerte, aun antes de llegar a su destino.

Las crisis o el despertar del alma

uego zarpó hacia Roma en una nave alejandrina que llevaba el trigo a esta ciudad. Entonces sufrió el naufragio de la embarcación cerca de la isla de Malta. ¡ Una crisis detrás de otra! Tenemos que hacer un alto aquí, pues es importante reconocer el valor de las crisis. Las crisis en la vida son experiencias que Dios nos permite tener para involucrarnos en el proceso de crecimiento personal, espiritual y emocional. A veces pensamos que son castigos y juicios de Dios. Eso puede ser cierto en algunas situaciones, pero creo fielmente que las crisis son momentos que invitan a la reflexión crítica y al análisis personal. Las crisis "en la vida" pueden ser detonantes que despiertan en nosotros la realidad de la vida.

Estas pueden ser el instrumento de Dios para reenfocarnos. Cuando caemos en el formato de lo rutinario, y a veces en la monotonía, las crisis son el despertar del alma y la motivación que nos impulsa a buscar la sanidad integral. En otras palabras, nos despiertan del letargo del conformismo y nos sacan del carril de la enajenación. Hasta este momento el apóstol Pablo había experimentado de todo y por todo, pero nada como la travesía desde Cesárea hasta la isla de Malta. Cuando te miras en ese espejo: ¿qué elementos comunes encuentras en la travesía de tu jornada en la vida y la travesía de Pablo? Tu vida podría ser esa jornada de vientos tempestuosos continuos y fuertes olas de crisis, de mares y vientos embravecidos que le están dando duro a tu barca. Lo más triste es que estás cansado(a) de la jornada y te preguntas: ¿cuándo va a llegar la paz a mi vida?

No dudo que el apóstol Pablo, pensó lo mismo en ese momento crítico del naufragio, inclusive cuando empezaron a lanzar por la borda el trigo, las cajas de instrumentos y comercios. Me imagino el pensamiento de la tripulación: "Al que tenemos que tirar por la borda es a este cristiano que es nuestra maldición".

Las crisis y los retos no vienen con un cuaderno de explicaciones ni con una serie de gráficas indicando su llegada y paso por la vida. Simplemente llegan y muchas veces se quedan por un período largo, trayendo consigo devastación continua. El apóstol Pablo experimentó dicha crisis desde su conversión hasta el último tiempo de su ministerio apostólico, y no es hasta que llega a la isla de Malta que vemos un proceso curativo, terapéutico y de sanación integral. El proceso simbólico se encuentra en el momento en que empieza a recoger las *RAMAS SECAS*. Tiene que haber un momento en tu vida que recojas las ramas secas de tu alma.

Las ramas secas representan los traumas, experiencias dolorosas y aguijones que han marcado tu peregrinaje en la vida. Pero sobre todo, las ramas secas pueden ser aquellas experiencias que no hemos resuelto "en la vida" y que se levantan como pedestales de deshonra que abaten tu vida y la marcan con un dolor constante.

Lo interesante de las ramas secas es que se transforman y enmascaran, cobrando otro color y matiz sentimental o emocional, pero al final siempre se manifiestan ante las detonaciones que son los retos de la vida, creando un sinnúmero de emociones tóxicas que producen una baja autoestima, inseguridad y frustración, entre otros quebrantos espirituales y emocionales.

Colbert (2006) añade otro elemento de reto a nuestra ya frágil existencia. Se refiere a la influencia negativa que produce el mal manejo del estrés en la vida, citamos:

˝En un estudio de diez años las personas que no podían controlar su estrés emocional demostraron tener una tasa de fallecimiento un 40 por ciento más elevada que quienes no estaban estresados˝.

La sicología moderna ha desarrollado un interés genuino en los efectos del estrés. De hecho, ya hay evidencia científica que afirma el desgaste emocional y espiritual que produce el mal manejo del estrés. Los problemas de salud estomacal, los ataques cardíacos y los derrames cerebrales son la consecuencia de algunos elementos patológicos causados por el mal manejo del estrés (Aten, McMinn y Worthington, 2008).

El dolor que producen las crisis en la vida, no se va o desaparece con el tiempo. Esto es un mito que se ha creído por años, como si el tiempo fuera un remedio curativo. De ninguna manera, lo que sucede con el tiempo es que por nuestros mecanismos emocionales aprendemos a adaptar nuestro dolor en el subconsciente Luego este se manifiesta en cualquier oportunidad donde la imprudencia, la pasión desordenada, el pecado, la adicción, y otros, acompañan la crisis, haciéndose aliados de tu quebranto y pena. Por otro lado, no tan solo sufres tú, sino aquellos que están a tu alrededor junto con tus seres amados. Ellos(as), sin querer, se convierten en víctimas de tu disfuncionalidad y sufren las consecuencias de tus ramas secas. Por años las ramas secas han convertido tu vida en fracasos y pesares innecesarios y devastadores.

El apóstol Pablo tuvo tres viajes misioneros, predicó en tiempo y fuera de tiempo y fue instrumento para ver los milagros de Dios. Pablo tenía que pasar por las tormentas que hicieron naufragar la embarcación en que venía. De qué otra forma, el apóstol podía identificarse con los que viven bajo el estrés de las tormentas. Cómo predicarles si no sabía lo que era ver el barco llenarse de agua y sentir la impotencia de no poder hacer nada.

Pablo tenía que pasar por el naufragio que lo llevó a la isla de Malta. Muchas veces planificamos ir por un camino y Dios nos envía por otro. Ante este reto del Espíritu, había que recoger las ramas secas. Especialmente cuando lo que le esperaba en Roma era el reto más grande de su vida, pues esta corría peligro. Tenía que hacerle frente al Emperador y dar el testimonio más importante en todos sus años como apóstol. La tarea era morir con dignidad y en total sumisión al Dios que lo comisionó a vivir hasta la muerte con un alto sentido de fidelidad.

Esa disposición, esa entrega, esa confianza, no se gesta si no se recogen primero las ramas secas. Dios es el Dios de la santidad y la demanda de los suyos, especialmente a aquellos que tienen que pastorear la grey y son comisionados a misiones de suma relevancia.

Dios es el Dios de las oportunidades y campeón de la salud integral. Él anhela que sus siervos(as) no lleguen a la muerte con ramas secas sin que las consuma el fuego de su Espíritu. Dios siempre obra para nuestra salud y salvación, siempre obra en el desarrollo de nuestra espiritualidad y desea sobre todas las cosas, nuestro balance emocional/espiritual para que podamos participar de la vida abundante prometida. Desarrollar una disciplina de cuidado espiritual y emocional es vital en todo momento. La vida nos enseña que siempre hay que hacer una gimnasia espiritual porque no podemos depender de nuestros esfuerzos y experiencias. Constantemente nos llegan situaciones que nos llenan de ramas secas.

Por ello, el paso hacia la salud integral de todos los días demanda un auto-análisis para encontrar ramas secas que pueden drenar nuestra vida espiritual. Si no lo hacemos, la bendición se aglomera en la cuneta de la marginación y en la enajenación de la soledad. Debemos preguntarnos: ¿cómo sabemos cuándo es el tiempo de recoger nuestras ramas secas? Posiblemente estés pensando: "¡Yo no tengo ramas secas!" Te invito a que vuelvas al paso número uno. Por otro lado, reiteramos que no es suficiente reconocer nuestra lepra, necesitamos hacer un inventario de nuestras ramas secas para tomar acción salutífera sobre las mismas. Podrías sentirte confundido. ¿Tienes ramas secas? ¿Tal vez ya el Señor las sanó?

Te aconsejo, que hagas un gran ejercicio introspectivo: narrar tu vida pasada. He aquí lo relevante de hacer un inventario espiritual. Vamos a ver qué espacios o grietas pueden existir en nuestro pasado o presente. Estoy seguro que el apóstol Pablo, al llegar a salvo junto con toda la tripulación, tuvo que en algún momento decir: "NUNCA PENSÉ SALIR DE ESA CRISIS".¿Cuántas veces hemos clamado en alta voz esa verdad existencial? Comienza con tu inventario personal, a ver la película de tu existencia y como protagonista de esta, descubre todas las cosas que de alguna manera u otra te han afectado negativamente. Lo que quiero hacer con esta invitación, es destruir un gran mal que impide nuestro desarrollo personal. la"NEGACIÓN".

La negación es un gran mal canceroso espiritual, porque esconde la realidad del dolor (entre otros males), impidiendo entender y proceder en todo esfuerzo hacia la superación. Claro, a veces es la forma en que nuestro sistema emocional levanta los niveles de mecanismo de defensa, pero al llegar al extremo se convierte en un mal patológico, y por ende impide el crecimiento espiritual. (Chávez, 2014). Cuando caemos bajo las garras de la negación se nos hace difícil recoger nuestras ramas secas y por ende se detiene el crecimiento espiritual. *La espiritualidad es un despertar a novedad de vida*, es un nuevo comienzo de día en día, hace de nuestra vida un testimonio de luz que irradia esperanza y vivimos bendiciendo otras vidas como agentes de cambio. Cambio que comienza en el corazón de uno y produce anhelo de vida. *La espiritualidad es una aspiradora de monotonías, desbalances y apatías, es la chispa que enciende toda motivación humana y nos hace mirar hacia arriba en vez de mirar hacia abajo. Es la fuente que nos conecta con el más allá, la razón para entender que hay algo más grande que nosotros.*

Pero he aquí, otra realidad en el proceso de recoger tus ramas secas. Hazlo con el entendimiento de que la vida es frágil, imperfecta y que no eres el único que necesita "recoger ramas". ¡No seas tan duro contigo mismo! Entiende que pertenecemos a la raza humana, que somos imperfectos, que cometemos errores involuntarios, que muchas veces no sabemos cómo reaccionar y entre otras cosas, que tenemos un Dios que nos entiende y nos ama incondicionalmente.

Recoger tus ramas secas es un proyecto serio y de mucha presión emocional. Es aceptar tu verdad y empezar a buscar ramas secas dentro de un mundo infinito de emociones y sentimientos. Buscar las ramas secas en tu vida es iniciar un proceso de integridad y prudencia que tiene como resultado el confrontar tu realidad.

Necesitamos ayuda

Muchas veces en este proyecto emocional se necesita ayuda. Vamos a distinguir la clase de ayuda que se necesita. El apoyo familiar es esencial y necesario, aunque muchas veces ese puede ser el epicentro de tu amargura o dolor. Los amigos(as) pueden ser otra base de apoyo solidario, pero muchas veces, como dije anteriormente, sientes que no te pueden entender o te lanzan retos que para ellos parecen cómodos y sencillos pero que para ti son como escalar el Everest. La ayuda profesional es relevante y significativa, y es una fuente necesaria en tu proceso de recuperación. Todas estas bases de apoyo de una forma u otra son esenciales en el proceso de recoger tus ramas secas, pero quien establece el grado de recuperación es tu propia persona.

Si no das el paso, si no tomas una decisión con firmeza y constancia, si no dices "¡BASTA YA!" vas a seguir alimentando emocionalmente un ciclo vicioso que no tiene fin y que sigue creando otros ciclos dañinos en tu vida. De una forma u otra, el peso del dolor te va a vencer y vas a terminar hundiéndote en el mar de las crisis y los vientos tempestuosos. El ser humano tiene un límite que no es infinito en cuanto a resistir los embates de la vida. Gracias a Dios que las crisis no duran 100 años como dice el adagio pueblerino. ¡El nivel de resiliencia tiene su límite! (Viscott, 1996).

¡No esperes llegar a tu límite! Reconoce que tienes unos retos que están acabando con tu vida. Las relaciones en todo nivel y momento se están deteriorando y por más que tratas con tus propios esfuerzos no logras superarlos. Te invito a que reconozcas que hay una situación disfuncional en tu vida y luego empieza a recoger tus ramas secas, observando un proceso de misericordia, sensibilidad y calor humano hacia la persona que en estos momentos más lo necesita, y esa persona eres tú. Respetamos y reconocemos tus capacidades, experiencia, potencial, fuerzas, emociones y sentimientos, pero la vida es compleja y frágil y con el tiempo se marchita. Esto no es una visión pesimista de la vida, si no realista, porque los problemas y experiencias que marcan tu vida son reales.

Muchas veces tratamos de racionalizar nuestro dolor, para pensar que las ramas secas son de otra persona o peor aún, que otra persona nos las tiró encima. Esta forma de pensar muy común en nuestro siglo post-moderno es la que se resume de la siguiente manera. ˝LA CULPA ES DE TODOS, MENOS MIA". La culpa de mis ramas secas es de mis padres, de mi maestro(a), del gobierno, de mis vecinos, o la culpa es de Dios. ¡Cuán difícil es aceptar que son nuestras ramas secas!

¿Por qué? Porque así aliviamos la carga emocional que se tiene al llevarlas como pesada cruz. Porque así no tenemos que hacer nada con esta. Porque podemos seguir creando dolor a otros(as) sin sentirnos culpables. Porque así no tenemos que iniciar el proceso de sanar nuestros corazones y mentes. El proyecto de la salud espiritual es uno transformador. Por eso te he pedido que narres tu vida, en búsqueda de esas marcas dolorosas. Luego, con mucha comprensión y amor, empieza a identificar tus ramas secas. Una vez tengas las ramas secas frente a ti, (es conveniente que hagas una lista), cuídate de no justificar tu vida ante la lista de "ramas". Empieza ahora a enfocarte en la necesidad de salir de estas.

Enfocarse en la vida para desarrollar la espiritualidad

Enfocarse en la vida es otro aspecto esencial en el desarrollo de la espiritualidad. La palabra de Dios en Hechos 27 y 28, nos cuenta que el apóstol Pablo una vez recogió las ramas secas, las tiró o echó al fuego. Lo relevante de este método es que no todos tenemos el mismo fuego. Si lo llevamos al contexto religioso, entramos a un mundo diverso y variante. Si partimos desde la perspectiva espiritual, encontramos múltiples caminos que a veces se entrelazan. Lo importante es que utilicemos el fuego y el modo espiritual que usted está acostumbrado y que usted encuentre mejor para su vida. Su interacción, respuesta, decisión y esfuerzo deben tener como base su total y absoluta participación con integridad y honestidad.

Recapitulando: las ramas secas solo pueden ser consumidas por el fuego. Yo soy un fiel creyente que el fuego del Espíritu Santo tiene una participación clave y esencial en el proceso de la salud espiritual. Pero debemos aclarar que hay diferentes formas de ser ministrados por el Espíritu Santo. La misma palabra de Dios en 1 Corintios 12, nos confirma que la metodología y operación del Espíritu Santo es compleja, diversa y excepcional. No obstante, el Espíritu Santo es el mismo. La ministración del Espíritu Santo con el ser humano fue uno de los puntos cardinales en el ministerio salvífico de Jesús. En sus prédicas, Jesús declaraba que su partida era necesaria para que llegara el Espíritu Santo.

La palabra de Dios nos dice que el Espíritu Santo nos enseñará toda verdad, nos redargüirá y nos convencerá de nuestro pecado. Además, el Espíritu Santo nos fortalecerá con amor, domino propio y poder. El poder de la resiliencia, de la prudencia y de la auto reflexión entre otras ministraciones. Creo fielmente que la iglesia de hoy no ha sabido discernir el fruto y propósito de ese fuego. En el peor de los casos, se ha creado el mito que el Espíritu Santo es solo para parar los pelos, para hablar en lenguas, para que el culto se convierta en gritos de júbilo, para formar un ″escarceo″ cúltico y para manipular a muchas a dar dinero. No, el Espíritu Santo está entre otras ministraciones esenciales para fortalecer la Iglesia; también quema y consume nuestras ramas secas.

Yo he sido un creyente por más de 40 años y lo he hecho como pastor, capellán y predicador de la Palabra, y entiendo que no se puede crecer espiritualmente, si no tenemos la ministración del Espíritu Santo en la vida. ¡SE NECESITA ESE FUEGO! Lógica y teológicamente, repito que hay diferentes clases de fuego. Lo esencial es que se produzca una apertura para acercarse al fuego.

Mi experiencia con el Espíritu Santo

Mi experiencia con el Espíritu Santo se inició cuando me convertí en la Iglesia Cristiana (Discípulos de Cristo) de la Calle Comerío en Bayamón, Puerto Rico. Mi primer pastor fue el Rev. Florentino Santana. Para los años 70´, se experimentó en Puerto Rico un avivamiento glorioso en las Iglesias protestantes. Este produjo una serie de hombres y mujeres de Dios que eran usados con poder en lo que la Iglesia histórica llama "El bautismo del Espíritu Santo".

Uno de los gigantes en esa tarea era un gran ser humano conocido como Segarra, junto a su esposa, la hermana Tina. El hermano Segarra tenía un ministerio de imposición de manos para recibir el Espíritu Santo, en el que era asistido por su amada esposa. El hermano Segarra medía por lo menos 6´4´´ y pesaba 270 libras. Lo peculiar del hermano es que padecía de ceguera. El procedimiento para recibir el bautismo en el Espíritu Santo era sencillo. Luego de unas cortas palabras de exhortación, él solicitaba que todos los que querían recibir el bautismo del Espíritu Santo pasaran al frente. Cuando las personas pasaban, eran recibidas por su esposa Tina con mucho amor. Ella los colocaba frente a Segarra para que este pusiera sus manos sobre la cabeza del hermano o hermana. Entonces empezaba a orar por este.

El hermano Segarra, empezaba a mover las manos sobre la cabeza de la persona en una forma circular mientras oraba. Muchas veces gritaba alabanzas. La hermana Tina empezaba a darle vueltas a la persona y con voz de mando le exigía que gritara en alta voz: ´´Séllame, séllame...´´ Al final, la persona terminaba hablando lenguas y bautizado con el Espíritu Santo. Era la forma particular, quizás graciosa, pero poderosa del Espíritu Santo llegar a las vidas, usando a gente humilde, pero fiel. ¡Hasta aquí estamos claros! Se necesita el fuego para quemar las ramas secas de tu vida. Así como el apóstol Pablo echó sus ramas secas al fuego en la isla de Malta, hoy en día tenemos que echar nuestras ramas secas en el fuego del Espíritu Santo.

Pero la historia no termina aquí. Yo estaba recién convertido y entendí en mis primeros pasos de la cristiandad que necesitaba ser bautizado con el Espíritu Santo. Mi pastor invitó al hermano Segarra a dar una campaña en nuestra Iglesia y este llegó con su inseparable esposa. Yo tengo que confesar que aunque recién convertido, ir a la iglesia representaba un momento de gran gozo pero a su vez de una preparación exhaustiva y perfeccionista en torno a un asunto importante: mi cabello. Todas las noches, yo tenía que pararme frente al espejo y con el cepillo de cabello y blower le daba "estilo" al pelo. La idea era confeccionar el mejor estilo de cabello tipo ˝Elvis Presley.˝

Luego de terminar el proceso de confección de cabello, lo rociaba con un aerosol tipo goma para solidificar y retener la postura del cabello. Con esa preparación de corazón y cabello, me fui a la iglesia. Ya en la iglesia, el hermano Segarra compartió su reflexión y luego se inició el proceso del llamado y los hermanos empezaron a hacer fila para recibir la experiencia del bautismo en el Espíritu. Yo era de los últimos y cuando llegó mi turno, se inició un conflicto interno: cuando el hermano Segarra puso aquella mano de gigante sobre mi cabeza, tuvo que sentir, lo pegajoso de mi aerosol. En ese momento, Segarra empezó a hablar en lenguas y aquella mano santa empezó a girar como batidora, con fuerza y velocidad.

La hermana Tina decía a gritos la famosa frase: Séllame. Era todo un espectáculo. Todos los hermanos vieron con asombro y confusión la ministración especial de la noche. Yo solo pensaba en que había perdido el peinado de Elvis Presley. Al terminar la ministración y el culto, todos salimos a nuestros hogares. Este servidor con el peinado de Elvis Presley, convertido en una antena parabólica ondeando de lado a lado y con la vergüenza que esa noche todos los que pasaron recibieron el bautismo del Espíritu Santo excepto yo, por estar pendiente a la estética de mi cabello y no en las cosas de arriba que son las que perduran.

Al final, de todas las familias que asistieron al culto, nadie pudo llevarme a casa, por lo que me fui caminando. La distancia era como de tres millas. Era tarde en la noche y me sentía abatido física y espiritualmente. porque la batalla más agotadora es la emocional/espiritual. Cuando pones todos tus esfuerzos con el fin de conseguir algo y no lo alcanzas, tus fuerzas se acaban y se siembra el desánimo, la frustración y la decepción en tu corazón. ¿Cuántos hermanos(as) han estado luchando por una bendición espiritual? ¿Cuántos no ha doblado rodillas, pidiendo liberación? ¿Cuántos no han tomado sus ramas secas y sienten que al caer al fuego, no pasa nada? Yo sólo sé que Dios es fiel y justo, y se cumple su palabra cuando dice:

Venid a mí, todos los que estáis trabajados y cargados y Yo os haré descansar. (Mateo 11:28)

Dios no hace promesas para no cumplirlas. Él nunca llega tarde y es fiel a su palabra. A mitad del camino rumbo a mi casa, me detuve en una intersección, esperando que el semáforo cambiara y me diera la oportunidad para cruzar. En ese momento me dije: "¿Por qué no recibí el bautismo del Espíritu Santo?" Al instante, le dije al Señor: "Perdóname por ser vanidoso, pero yo necesito ese bautismo en mi vida. El hermano Segarra y la hermana Tina no están aquí, pero TU ESTAS AQUI. ¡Por favor, bautízame con tu Santo Espíritu!" Mis amados hermanos(as), mientras cruzaba la calle, de repente, sentí que todo mi cuerpo se encendía en un fuego santo. Al instante, inicié una carrera por mi vida en dirección a casa, porque creí que literalmente estaba quemándome en fuego i y empecé a hablar en lenguas! Era el fuego de Dios quemando mis ramas secas. Llegué a casa hablando en lenguas y mi madre querida exclamaba a gran voz: " ¡Ay, mi hijo recibió la promesa del Espíritu Santo!"

De ahí en adelante, se inició mi peregrinaje espiritual como joven en la iglesia, para luego recibir el llamado al ministerio pastoral. Este ministerio se extendió por más de treintaiocho años e incluyó diez como capellán de las Fuerzas Armadas de los Estados Unidos y varios como profesor de Sicología en Florida y predicador de la palabra de Dios por todas las iglesias en y fuera de Puerto Rico. Muchas bendiciones, muchos retos, pero sobre todo sentir el amor incondicional de un Dios vivo y real. ¡A Dios sea toda la gloria!

El proceso de recoger las ramas secas y echarlas al fuego no es un asunto que suceda de la noche a la mañana. Demanda gran tesón y firmeza en cuanto a desear la salud espiritual, y sobre todo, el de tener una buena fogata espiritual. El proceso toma tiempo y requiere una disciplina espiritual. El apóstol Pablo en la isla de Malta tenía que seguir creciendo en su visión del Dios que lo había bendecido y lo iba a bendecir en Roma. Para mí, la isla de Malta (al sur de Sicilia en el mar Mediterráneo) es prototipo del lugar, espacio y tiempo que reúne la obra del ministerio del apóstol. Un ministerio que por varios años estaba comprometido con predicar la palabra de Dios, fundar iglesias, reprender demonios, orar por los enfermos, debatir y ser un defensor de la fe, llevar consuelo, y enseñar la sana doctrina, en el nombre de Jesús; llevar el mensaje de vida y salvación en Cristo Jesús a gentiles en Israel y toda Asia Menor. Pero ahora le tocaba llegar al fin del viaje: Roma. Es allí donde el apóstol culmina su peregrinaje espiritual, pero el Dios que sabe todas las cosas, tenía que llevarlo a la isla de Malta donde arrojaría al fuego sus ramas secas.

Nadie es perfecto, nadie es dueño de la totalidad de la espiritualidad. Nadie puede autoproclamarse dueño y señor de la exclusividad de lo espiritual. Debemos tener mucho cuidado cuando pensamos que somos los mejores o cometemos el error de pensar que durante el transcurso de nuestra vida, no hemos retenido o almacenado las ramas secas del camino por las luchas que se producen en cualquier ministerio. El apóstol Pablo, con todo su liderato y servicio al Señor, tenía que recoger sus ramas secas, antes de llegar a enfrentarse al reto más grande de su ministerio: ROMA.

Las ramas secas de la discordia

¿Cuáles eran las ramas secas del apóstol Pablo? ¿Sería posible que todas las luchas del apóstol, no le afectaran en su dimensión espiritual y emocional? Veamos pues las fracturas que se dan en el camino de un ministerio serio y comprometido con el Señor. En primer lugar tenemos que dirigirnos a la famosa asamblea en Jerusalén, donde los apóstoles Pablo y Pedro se enfrascaron en una confrontación apasionada y llena de mucho calor humano. El apóstol Pablo, le gritó al apóstol Pedro, en medio de la asamblea: "HIPOCRITA" porque el apóstol Pedro, estaba confrontando serios problemas en aceptar predicarle a los gentiles, como lo podemos ver en Hechos 10. Allí Dios le revela al Pedro la famosa visión de un lienzo lleno animales considerados por la tradición judía como carnes inmundas. Pedro escucha la voz de Dios que le dice: "Mata y come. No llames inmundo lo que yo santifico". La tradición y la cultura religiosa hebrea impedían que Pedro pudiese ver la multiforme gracia de Dios, revelándose al pueblo gentil.

El ambiente se llenó de mucho desánimo y la casa se dividió. Unos favorecían a Pablo, otros a Pedro. Las ramas secas de la discordia son un reto para la iglesia de hoy, especialmente para su crecimiento espiritual. Esta experiencia pasa su factura en las relaciones interpersonales. Cuando hay discordias entre los hermanos(as) de la iglesia se apoderan las pasiones desordenadas y el conflicto relacional toma el control trayendo consigo discordias y divisiones. Mis amados, este tipo de experiencia marca el corazón y lo llena de pesar. No encontramos en ningún otro momento que ambos apóstoles tuvieran alguna reunión para mediar y resolver este asunto tan penoso. Cuando no hay mediación y reconciliación, se crean ramas secas en el alma.

Las ramas secas del rechazo

Por otro lado, hubo un incidente bien particular entre Pablo y Juan Marcos, el joven que el capítulo 12 de los Hechos describe. Juan Marcos era un creyente en la iglesia primitiva e hijo de María (no la madre de Jesús) y en cuya casa se reunía la iglesia. También era primo de Bernabé. Cuando Pablo y Bernabé salen en el segundo viaje misionero, los acompaña Juan Marcos, pero a mitad del camino decide abandonarlos. Se dice en las crónicas de la iglesia primitiva, que la razón primordial del abandono fue que Juan Marcos se enamoró de una joven griega y decidió quedarse en Panfilia. Veamos qué dice el texto:

˝Bernabé quería que Juan Marcos los acompañara, pero Pablo no estuvo de acuerdo. Y es que hacía algún tiempo, Juan Marcos los había abandonado en la región de Panfilia, pues no quiso seguir trabajando con ellos˝. (Hechos 15: 37)

El rechazo es una rama seca que impacta profundamente el alma y el espíritu de cualquier ser humano. Sentirse rechazado es una experiencia dolorosa, porque afecta la autoestima, y esto da paso a elementos de inseguridad y pone en duda todo deseo de superación y balance en la vida. La persona rechazada siente que alguna debilidad suya es la causa, cuando no necesariamente tiene que ser así. Es posible que el apóstol Pablo sintiera el efecto del rechazo, por su forma de trabajar con el hermano Juan Marcos. Tal vez, el Apóstol deseaba hacer lo mismo y dejar todo atrás pero su compromiso con Dios se lo impedía. Por lo tanto, al Juan Marcos abandonar su compromiso, puso en tela de juicio el carácter y el grado de su compromiso.

¿Cuántas veces has deseado darte por vencido? ¡Dejarlo todo sin importar las consecuencias! Especialmente cuando dependes de otros(as) y esas mismas personas en quienes has puesto tu confianza, al final te dan la espalda y recibes rechazo y quejas. Debe ser bien frustrante para todo el que tiene un ministerio, ver cómo surgen inconvenientes fuera de su control que detonan estas experiencias sin saber por qué. Ejercer un ministerio no es asunto fácil. Asegúrese de que su ministerio está fundado sobre la roca inconmovible y que Dios le ha llamado, porque si no es así, va a tener que soportar pruebas y dolores demás. Aun los llamados no están exentos de tales pesares. La diferencia estriba en que los que son auténticamente llamados tienen el respaldo absoluto del Dios que permite la prueba. Las personas siempre tendrán su opinión, pero lo importante es lo que Dios piense de ti.

Todos los que conocían a Juan Marcos y Pablo tuvieron que preguntarse: ¿qué pasó? y ¿por qué? El apóstol tiene que dar explicaciones y mientras tanto en la marcha seguir cumpliendo la obra del Señor. Por otro lado, Bernabé que era un creyente de un gran espíritu consolador, reflexionó a favor de Juan Marcos, pero lamentablemente, este último decidió no seguir con ellos.

Las ramas secas pueden ser un ˝collage˝ de retos y señales que se levantan como marcas en la vida que testifican y nos recuerdan de nuestros errores y dificultades, pero como la vida es orgánica y no cesa de crecer, el llamado es a superar los mismos. Por ello, en 2 Timoteo 4:11 el Apóstol nos dice :˝Sólo Lucas está conmigo. Toma a Marcos y tráele contigo; porque me es útil para el ministerio". Era necesario recapacitar sobre este momento exclusivo y particular en la vida de un joven que necesitaba remediar su experiencia dolorosa. La relevancia de recoger las ramas secas en la cúspide de su ministerio camino a Roma, obligaba al apóstol finalizar tal experiencia con el joven Juan Marcos. Había la necesidad de pasar la página para cerrar ese capítulo, porque lo dicho ya no se puede borrar. La primera reacción de Pablo fue una llena de frustración, sin medir las consecuencias que acarreaba para una comunidad que observaba cada paso, y para un alma que había cometido un error.

Finalmente, otro evento que marcó la vida del apóstol Pablo fue su lucha con el congreso de Jerusalén, compuesto por Santiago y Pedro. Al principio, la iglesia de Jerusalén estaba dirigida por los apóstoles Santiago, Juan y Pedro. De hecho, una nota interesante es que Santiago era el líder de la Iglesia y no Pedro, porque Santiago era hermano carnal de Jesús. Tal influencia pone aparentemente en duda la exclamación de Jesús sobre Pedro en Mateo 16:18´´Yo también te digo que tú eres Pedro, y sobre esta roca edificaré mi iglesia; y las puertas del Hades no prevalecerán contra ella´´. Jesús no estaba delegando un oficio o posición al apóstol; estaba validando, la verdad del evangelio pronunciada en ese momento histórico. Pablo fue líder inconfundible de la iglesia en general. No obstante, la iglesia de Jerusalén estaba confrontando problemas con el apóstol, porque el Jesús que predicaba era un Jesús universal. Es decir, la salvación era para todos en donde no había judío, griego o cualquier otra cultura. Este parámetro presentaba un gran reto a la iglesia de Jerusalén, porque para ellos Jesús era judío y para los judíos.

Las ramas secas de la discordia

La historia de la Iglesia del Señor en el libro de los Hechos nos narra las tensiones entre el apóstol Pablo y la comitiva judía. Inclusive, como acto reconciliador entre las partes, se acordó que Pablo tenía que someterse al rito lavatorio de purificación en el templo (véase Hechos 21 en adelante). Dicha petición, hecha por los directores de la iglesia en Jerusalén, era una mediación. Estaba basada en que si el apóstol se sometía a tal requerimiento religioso, no solo afirmaba la tradición judía sino que demostraba el sometimiento a la comitiva y por ende recibía el apoyo de la iglesia en Jerusalén para continuar predicando sobre el Jesús de los gentiles. El apóstol Pablo cumplió con su parte pero la iglesia de Jerusalén no cumplió con la suya. Por tal motivo, Pablo dice en 2 Corintios 11.13:

"Porque los tales son falsos apóstoles, obreros fraudulentos, que se disfrazan como apóstoles de Cristo".

Aunque el apóstol Pablo se refiere a todos aquellos que querían hacerle daño a la iglesia gentil, no dudo que incluía a la comitiva de Jerusalén. Porque el engaño siembra discordia y enojo. Enojo porque se entiende que le tuvieron en poco haciéndolo obrar en contra de su deseo, porque utilizaron el engaño para hacer de él, un muñeco a su placer. Porque la manipulación nunca es provechosa y demuestra falta de verdad y carácter.

Esa rama seca le costó al apóstol una inversión espiritual y emocional pesada, porque tenía que sacrificar su teología del Jesús de los gentiles por un corto tiempo. Por lo tanto, había mucho equipaje emocional en el devenir del Pablo. Esto sin contar todos los retos con la Iglesia, los demonios, los romanos, pasando hambre y sufriendo injusticias, es decir, sufriéndolo todo. No obstante, él dice:

"No lo digo porque tenga escasez, pues he aprendido a contentarme, cualquiera que sea mi situación".

Filipenses 4:11

Notemos la relevancia de una actitud siempre dispuesta al inventario personal y a la introspección, buscando siempre la salud interna y del alma. Superando las crisis, los retos emocionales, las necesidades económicas, los problemas relacionales y otros muchos más que puedan tratar de marcar negativamente tu vida. Hay que recoger las ramas secas y echarlas al fuego, porque tenemos que glorificar al Dios que tiene poder para hacer las cosas nuevas y cumplir su eterna promesa.

> "El ladrón no viene sino para robar, matar y destruir. Yo he venido para que tengan vida, y para que la tengan en abundancia".

Juan 10:10

Lo peor que puede hacer un hombre: dejarse morir

Al final, el apóstol echó sus ramas secas al fuego, para consumir las mismas y recibir el calor de la justicia y sanidad interior. De repente sucedió lo que ocurre siempre que decides dar los pasos de crecimiento y salud personal: la víbora se prende para destruir y desanimar toda obra y esfuerzo que trae salud en el nombre de Dios. Es posible, mi amado hermano(a), que te encuentres en esa batalla por tu salud integral, no desmayes ni pierdas la esperanza.

Me encanta la siguiente lección del famoso Don Quijote y su fiel Sancho. Un día el Quijote tenía un dolor de muela terrible que lo agobiaba. Cervantes dispone que el gran Sancho Panza saliera a buscar un remedio. Sancho, ni corto ni perezoso, buscó entre las hierbas y flores, para hacer un elixir. Luego lo trajo a su señor para que este bebiese el brebaje sanador.

Cuando Don Quijote hace lo propio, cae de espaldas, contorsionándose y brincando en el suelo. Sancho, temeroso de perder a su señor, comienza a abofetearlo para que regresara su conciencia, y mientras, le grita: "¡Don Quijote, Don Quijote, no se deje morir, porque lo peor que puede hacer el hombre es dejarse morir!"

Ciertamente, lo peor que puede hacer un ser humano es dejarse morir. En otras palabras, hay que tomar decisiones, hay que tomarse el riesgo, hay que dar el paso y sobre todo hay que atreverse a incursionar en lo desconocido, a tomar riendas de la salud espiritual y a cambiar el rumbo que te está llevando a la muerte espiritual y emocional.

En los años 70, se hizo una encuesta con cientos de participantes a los que se les preguntó: Si tu vida fuera a terminar hoy: ¿qué harías diferente? La respuesta general del 90% de los participantes fue: ''Tomaría más riesgos''. Wayne Gretzky, el famoso jugador de hockey una vez dijo: ''El peor tiro a la canasta es el que no se toma''.

No podemos seguir en estado contemplativo, viendo la vida drenarse con ramas secas. Tenemos que echarlas al fuego aunque se prenda la víbora, se enojen los amigos y familiares, se confunda el mundo. Nuestra salud, crecimiento y desarrollo espiritual debe ser un reto que se afronte con valor y fe todos los días. Por eso mi Biblia dice: ''Somos más que vencedores por medio de aquél que me amó.'' ¡Echa tus ramas secas al fuego y comienza una jornada de salud y felicidad en Jesús! Nelson Mandela lo dijo bien claro y preciso:

Siempre parece imposible, hasta que se hace.

CAPITULO 3

El reto de la espiritualidad: La renovacion de la mente

No se conformen a este mundo; más bien, transfórmense por la renovación de su entendimiento de modo que comprueben cuál sea la voluntad de Dios, buena, agradable y perfecta.

Romanos 12:2

El valor está en la renovación, en volver a mirar con los ojos limpios y puros.

Ouka Leele (1957)

En cierta ocasión, un malabarista decidió lanzar una cuerda de un extremo corto a otro en las cataratas de Niágara. Lo interesante es que en vez de utilizar un palo largo para balancearse, como se acostumbra, utilizó una carretilla. De momento, tomó su carretilla inició el recorrido y empezó a balancearse. A mitad de camino casi pierde el balance, maravillando así a todos los presentes. Al recuperarse, continuó su jornada, retando a la muerte, hasta llegar al final. De repente se tornó hacia la multitud que le observaba abajo y preguntó: "¿Quién cree que yo puedo hacer esto de nuevo?" Todos hicieron un silencio sepulcral. Al instante se oyó una voz que exclamó: "¡Yo creo que usted lo puede hacer!" Entonces el malabarista miró a sus ayudantes y les dijo: "Bajen y traigan a ese caballero, y siéntenlo en la carretilla, que juntos vamos a cruzar el Niágara, nuevamente".

¡Llegó la hora de montarse en la carretilla! Llegamos al otro extremo relevante y significativo en nuestro proceso integral. Para lograr la salud espiritual y emocional tenemos que entrar al mundo de las emociones.

Creo fielmente que no puede haber crecimiento espiritual sin salud emocional. En nuestra época se han hecho grandes adelantos en el estudio del cerebro. Las resonancias magnéticas conocidas como ''MRI" (siglas en Inglés) han abierto una puerta amplia que ha implicado descubrimientos inimaginables sobre la función y capacidades de nuestro cerebro (Rodríguez, 2010), la base integral de nuestras actividades tanto físicas como mentales, emocionales y espirituales. Es por tal razón que el apóstol Pablo recomienda que renovemos nuestro entendimiento, como una parte esencial en el proceso de nuestra conversión.

Veamos con más detenimiento tal demanda y analicemos por qué debemos "renovar el entendimiento." En primer lugar, el cerebro es la base de nuestras emociones. Las emociones se generan en el sistema límbico, que es una parte del cerebro. Este sistema tiene, a su vez, otras partes que contribuyen a esta creación afectiva. El hipotálamo y el hipocampo son las partes centrales que nos ayudan a controlar las emociones. El hipotálamo ayuda a llevar nuestras hormonas a todas partes del cuerpo y el hipocampo controla los procesos mentales relacionados con la memoria. Pero es la amígdala la que controla el proceso de respuestas de las emociones. Así que cuando usted está demostrando alguna emoción, lo está haciendo desde esta coyuntura de órganos cerebrales, y no desde el corazón.

Lamento tener que dinamitar alguna burbuja personal sobre este asunto, porque es más romántico decir: ''Te amo con todo mi corazón," que decir ´Te amo con toda mi amígdala.", ¿Por qué es importante conocer esta realidad? *Porque nuestra conversión y pro-*

cesos salvíficos, el espacio donde se desarrolla nuestra espiritualidad, tienen un cuartel general y ese es el cerebro.

Es por esto que la Biblia en Efesios 6:17 nos dice:

Tomad el casco de la salvación y la espada del Espíritu, que es la palabra de Dios.

Le pregunto, mi amado hermano(a): ¿Dónde se coloca el casco o yelmo? ¡En nuestra cabeza, donde se encuentra el cerebro, un órgano esencial para delinear la vida". ¿Por qué es tan relevante que renovemos nuestra mente, como lo describe el apóstol Pablo en Romanos 12:2? Porque el cerebro es el "cuartel general" de toda actividad humana. Por tal motivo el enemigo lanza sus saetas al cerebro. Un buen ejemplo es el relato de Adán y Eva frente al árbol de la vida, discutiendo sazones y razones sobre la autoridad de Dios. La serpiente los engañó, sembrando la duda en sus cerebros. La palabra de Dios sigue arrojando luz sobre el particular cuando dice en Mateo 27:37:

Jesús le dijo: Amarás al Señor tu Dios con todo tu corazón, y con toda tu alma, y con toda tu mente.

Es interesante ver que cuando la Biblia hace referencia al corazón, no solo implica ese órgano físico, sino que se refiere a la "totalidad del ser humano", a lo más profundo del ser, al espacio donde se recoge toda actividad y esfuerzo humano. En esencia el acercamiento bíblico es integral, holístico. En griego el corazón se define como "kardia", y en hebreo/arameo como – "labe". Estas definiciones resumen tanto la griega como la hebrea, resumen todos los elementos que constituyen la vida del ser humano: sentimientos, intelecto, pensamientos y emociones, entre otros. Pero es el cerebro (en hebreo, "muach"), el que define todo tipo de actividad de la memoria y este es el que más ataca el enemigo.

Un cerebro renovado: una mente renovada

Es importante hacer estas distinciones para conocer no tan solo las funciones y ejecuciones de la mente, sino para también conocer las tramas que el enemigo utiliza para confundirnos. Este conocimiento es importante, además, para fortalecer nuestra salud mental. Es relevante la renovación del cerebro (entendimiento) en el proceso del crecimiento espiritual. *Un cerebro no renovado es un cerebro al que aún no le ha amanecido Jesús como el centro de su vida.* El cerebro es un órgano que necesita atención y "renovación". El famoso filósofo Plutarco lo dijo una vez: ''El cerebro no es un vaso para llenar, sino una lámpara para encender".

Ser creyente implica encender esa lámpara. No podemos despojarnos de todo el potencial que despertamos al usar nuestra mente en su máxima capacidad, porque Dios no nos ha llamado a ser creyentes ignorantes, pusilánimes e ignorantes. La santidad no condena lo racional. La fe no disminuye ni minimiza la capacidad para razonar. No estamos llamados a meternos en una burbuja para aislarnos de nuestras responsabilidades y contribuciones.

No hay arma más poderosa que una idea transformadora, que un ideal a seguir y que un verdad por la cual morir. Los grandes movimientos de nuestra historia se gestaron por la combinación de la fe y la razón. La Reforma, es un clásico ejemplo. Si un monje llamado Martín Lutero no le hubiese dado pensamiento a su mundo religioso y no hubiese sentido, por fe, el impacto poderoso de la Palabra:'' la fe sin obras es muerta", estaríamos todavía bajo el yugo del oscurantismo.

No, mis amados hermanos(as), la mente tiene que ser renovada. Gustavo Porras (2018) nos presenta un elemento interesante sobre la capacidad de nuestro cerebro en cuanto a su disposición hacia lo espiritual. Dios, en su inmensa sabiduría, ha creado un cerebro que puede responder a los reclamos de la espiritualidad. Para muchos neuro-sicólogos no debe existir una separación entre la ciencia y lo espiritual, separación que se inició en los años 70.

Cerebro y espiritualidad

De acuerdo con la Dra. Lorenzo, sicóloga clínica, (2019) el lóbulo temporal del cerebro es "la zona" de la espiritualidad, pero hoy sabemos que todas las partes del cerebro están vinculadas con la espiritualidad, gracias a los avances y estudios sobre el mismo. Es decir, que cuando entramos a la adoración o búsqueda del crecimiento espiritual, el cerebro en su totalidad anticipa y participa en interpretar, generar y entender las demandas de tu espíritu y del Espíritu de Dios (Yohan, 2019).

Entonces, pensemos sobre los siguientes asuntos: ¿Cómo llegamos a tener fe? ¿Cuáles son los valores que predominan en nuestras elecciones diarias, trascendentales para nuestro desarrollo espiritual? ¿Por qué y cómo creemos en Dios? ¿Qué elementos sentimentales y emocionales intervienen cuando siento la bendición de Dios? Estas y muchas otras preguntas nos deben motivar para comprender la naturaleza de la renovación de nuestra mente. De hecho, Amen (2018) experimentó con el cerebro, y utilizando las resonancias magnéticas, estudió de cerca todas las placas y pudo notar que cuando el cerebro está activo sus placas están rojas y cuando está pasivo son azules. Utilizando las resonancias, le pidió a un monje orar, y para su sorpresa la gráfica aún permanecía azul.

¿Qué quiere decir esto? Nuestra espiritualidad no solo depende de nuestras estructuras orgánicas y mentales, sino que depende de una fuerza más allá, más grande, y fuera de nosotros. Estos experimentos están en un proceso inicial, pero yo no tengo duda que existe un Dios y este nos ha preparado y capacitado para responder a su maravillosa Gracia de Dios. Por tal motivo reitero la relevancia de renovar nuestra mente. Dios es el Señor de la vida y la vida es Jesús, y por tal motivo tenemos que colocarnos en la dimensión de lo espiritual para discernirle, conocerle, relacionarnos y amar ese Dios maravilloso revelado en Cristo-Jesús.

Las emociones y la espiritualidad

Desafortunadamente en nuestro siglo han sobrevivido unos mitos sobre las emociones y su correlación con la espiritualidad. Por ejemplo, hay corrientes de pensamientos que quieren hacernos creer que ser emocional es una desventaja en todo aspecto de la vida. Especialmente en la cultura machista en donde se oye desde la infancia:"¡Los hombres no lloran!" Es lamentable que generaciones carguen con la falacia que oprime y trata de eliminar la bendición de hacerle caso a nuestras emociones. *Las emociones son parte integral de la dimensión humana y digo con toda firmeza que Dios mismo nos creó con la capacidad viviente de ser personas que podemos ponerle sentido al dolor y a la alegría desde una balanza espiritual, emocional y física.* No podemos descartar ni ignorar la importancia de las emociones en el desarrollo de la vida humana. En el 1971 se condujo un estudio longitudinal con dos grupos de infantes en Suecia, el grupo A y el grupo B. Estos eran infantes de la misma edad, del mismo lugar de nacimiento, recibieron atención médica con las mismas enfermeras y doctores en el mismo hospital, se alimentaron de la misma manera con los mismos productos lácteos y estuvieron en la misma sala de maternidad. La excepción consistía en que el grupo A recibía abrazos, apretones de amor, canciones de cuna y toda la atención afectiva emocional posible. Mientras que el Grupo B sólo recibía lo básico: alimentación y cuido médico.

Los resultados fueron impresionantes, porque el grupo A demostró un balance y desarrollo emocional estable en cuanto a su autoestima, sentido de seguridad, niveles altos de comprensión y capacidad para demostrar sentimientos, lo cual garantizaba relaciones interpersonales y personales sanas y con madurez, aparte del éxito en los negocios. El Grupo B, demostró un alto nivel de resistencia a la autoridad, inseguridad y baja autoestima entre otras características, produciendo así un alto nivel de retos de espiritualidad y un alto por ciento de fracasos en los negocios. Esto no quiere decir que la puerta para la recuperación se cierra para siempre.

Lo que quiere decir el resultado de esta experiencia es, que en sus niveles básicos, las emociones forman una parte integral en nuestro desarrollo como personas que tenemos la capacidad de responder a los retos de la vida y al llamado de un Dios que nos ama, desde las emociones.

No queremos ser simplistas en la definición del carácter humano, porque la vida es compleja. Tampoco pretendo delinear un sistema metódico del desarrollo de la personalidad, y menos aún formalizar la corriente del espíritu humano y su íntima relación con todo lo que es de Dios y su Santo Espíritu. Nuestro objetivo es crear una conciencia clara de que no podemos dejarnos llevar por los mitos del pasado, y sobre todo, crear conciencia de lo que ya el apóstol Pablo decía en sus cartas: ˝Tenemos que renovar nuestra mente.˝ La pregunta básica es: ¿Cómo renovamos nuestra mente? Esta pregunta es de suma relevancia porque une el elemento científico y el espiritual. Yo soy un fiel creyente en que la razón y la fe caminan juntas. No hay tal separación entre las mismas.

Yo no tengo miedo en abrazar los métodos científicos que muchas veces confirman la gloria del Dios que amamos y servimos. A su vez, no tengo reto alguno en discernir que hay cosas de la ciencia y hay otras de la fe. El apóstol Pablo era un creyente capacitado y educado en las escrituras y su tradición, pero a su vez fue usado por Dios para dejarnos 13 epístolas, iglesias fundadas y una teología Cristo-céntrica sin paralelos, entre otros ministerios y bendiciones. El Apóstol, inspirado por el Espíritu Santo, nos dice que el cerebro tiene una parte integral en nuestra salvación, y por ende, en nuestro desarrollo espiritual/emocional.

Cuando las conversiones son simplemente emocionales, encontramos lo que llamamos - ˝creyentes microondas.˝ Personas con buenas intenciones y grandes necesidades, pero que no han dado el paso de entrega total, porque se dejaron llevar solo por las emociones del momento. La convicción y renovación mental llegan cuando se toma una decisión con firmeza y consistencia, *desde la mente renovada*, sabiendo lo que se hace, lo cual se traduce en un compromiso con el Dios que lo dio todo y lo hace todo. Dios no puede tomar esa decisión por ti, sólo tú puedes hacerlo. *Por ello, el reto espiritual consiste en renovar la mente con todo su esplendor, capacidad y plenitud.* La conversión tiene que ser completa, aunque la transformación es cíclica o se manifiesta en un proceso de tiempo y entrega.

'"Convertirse al Señor" demanda una participación total y absoluta de nuestra conciencia y espiritualidad. Esto conlleva el uso de nuestras emociones junto a nuestra mente renovada. Se siguen oyendo los ecos de la Gracia de Dios por los pasillos de nuestro entendimiento que definen que la renovación de la mente conlleva una entrega completa de nuestro ser. El reto de la espiritualidad en el proceso de la renovación espiritual en tu vida es que conozcas la naturaleza de tu existencia y así entregarte a Dios, con toda plenitud. 1 Corintios 2:16 dice:

> *Porque, ¿quién conoció la mente del Señor? ¿Quién lo instruirá? Pero nosotros tenemos la mente de Cristo.*

Tener la mente de Cristo

El gran reto del proceso de renovación mental es: ´´TENER LA MENTE DE CRISTO´´ ¡Wow! Misión imposible para algunos. Creo fielmente que lo que tenemos delante de nosotros es el llamado a producir actitudes y aptitudes que reflejen la vida del reino. Tener la mente de Cristo es vivir como Cristo, es amar al enemigo, es darle al pobre y necesitado, es ver la vida como Cristo la ve, es contactarse con el Padre celestial, pero sobre todo, es un comportamiento que va a la par con los parámetros del evangelio de salvación.

Es por tal motivo, que el reto de la espiritualidad en cuanto a renovar la mente se fundamenta en hacer efectiva la experiencia salvífica desde el seno del cerebro, porque así como esté impactado nuestro cerebro así será nuestra conducta y aprovechamiento personal.

En otras palabras, hay que tomar decisiones que lleven nuestra vida a la renovación mental en Cristo Jesús. Porque, vivimos como vemos la vida, amamos en el espacio de nuestras experiencias y relaciones personales e interpersonales, lloramos con los que lloran y reímos con los que ríen por medio de nuestra capacidad para sentir y pensar. El comportamiento es una respuesta a nuestro pensar y sentir. Trabajamos nuestras emociones y reacciones de acuerdo con los detonantes negativos que sufrimos y las bendiciones que recibimos. En general, nuestro cerebro es la base de toda actividad humana, sentir emocional y expresión espiritual. Por lo tanto reafirmamos que debemos cuidar nuestra experiencia salvífica poniéndonos el yelmo de la Salvación.

La experiencia denominada NDE tiene muchas vertientes no tan solo sobre los aspectos médicos y religiosos, que requieren atención de cerca. Dicha experiencia matiza lo significativo de nuestra realidad existencial establece que no somos solo carne o cuerpo, sino que también somos seres espirituales. En otras palabras, no somos un cuerpo con espíritu, sino un espíritu con cuerpo. Esta base real de la vida demanda una decisión firme y constante que representa transformarnos para así utilizar las herramientas de la Gracia de Dios para crecer como creyentes y ser capacitados por el amor de Dios.

Me llamó la atención la historia que leí de una paciente de cáncer de 64 años. Ella fue intervenida, hubo una complicación y murió por 4 minutos. En el proceso, la paciente experimentó que su alma saliese del cuerpo y pudo observar todos los detalles que la rodeaban. Las enfermeras, los instrumentos de la sala, inclusive vio a su doctor y como cosa curiosa, hasta el tipo de corbata que usaba, y su color. Cuando fin regresó a la vida, y se recuperó de su intervención, platicó con el doctor y le contó su experiencia. Todos quedaron atónitos de los detalles "vistos" bajo tal experiencia, iporque la paciente era ciega!

Esta experiencia nos lleva a reflexionar sobre la posibilidad de una vida más allá de la muerte. De ser así, (y yo personalmente no dudo de tal aseveración) entonces hay que desarrollar una disciplina para atender tanto nuestra salud física como la espiritual y emocional. No podemos fragmentar el desarrollo de una disciplina de salud. La renovación mental es el inicio de un proceso de conversión, en adición al desarrollo espiritual que nos predispone a ser bendecido por la Gracia de Dios y nos prepara para ver a Dios y abrir puertas espirituales nunca antes vistas. Reafirmamos que esta correlación espiritual es la base para reconocer que necesitamos cuidar de nuestra salud integral, que muchas veces la vida nos deja con *ramas secas* y que hay que recogerlas para echarlas al fuego de Dios, pero luego, o durante estos procesos, hemos de afirmar la renovación de nuestra mente.

Finalmente, son miles los soldados del Señor que continuamente están dando la batalla en contra del mal y los demonios. Los constantes ataques a nuestra mente para drenar nuestra capacidad como creyentes y destruir la obra de Dios en nuestra vida no tiene paralelo, y es una de las más grandes batallas. Estamos siempre a merced de los que quieren nuestro mal, pero el peor enemigo puede ser aquél que todos los días se mira en el espejo. Aquél que está hundido en sus complejidades, marcado por sus traumas; el que ha sufrido una experiencia de pérdida que le causa angustia y ansiedad, aquél que no cree, que no siente, que no padece, porque se ha escondido en una burbuja de negación. El dolor es real y constante en miles de cristianos que profesan una supuesta fe en el Señor pero que están atrapados en su complejidad.

Es importante aceptar el reto de la espiritualidad y renovar la mente porque solo los que están afirmando tal proceso en sus vidas, encuentran salida a sus ramas secas, paso esencial antes de echarlas al fuego. Dios es Señor de la sabiduría y siempre tiene el perfecto plan. La obra de Dios nunca es incompleta, Él ha provisto las armas poderosas en su nombre para vencer el mal, al enemigo y sus huestes. Él no nos deja solos tratando de entender y arreglar los asuntos de nuestras vidas. Pero hemos de hacer nuestra parte, tenemos que entregarnos completamente a Él, para que su obra sea eficaz en nuestras vidas.

El caso de Simón, el mago

Me gusta el ejemplo que se presenta en el libro de los Hechos capítulo 8, versos del 9 al 24. En este se narra la conversión de Simón el Mago. Dice las escrituras que el mismo se conocía con el nombre de: "Gran Poder de Dios; " por sus actos de magia por toda aquella región. Simón el Mago se convierte con la predicación de Felipe y según las escrituras le siguió por todas partes, maravillado por la gran obra del evangelio. Nos suena como un creyente asertivo, balanceado emocionalmente sano y con sed espiritual. Inclusive, fue bautizado. Aparentemente era un creyente dedicado y sometido a los reglamentos y pólizas de la iglesia. Un creyente que no se perdía un culto y que estaba, sobre todo, siempre presente y que era conocido por todos. ¿A qué pastor no le gustaría tener 10 ovejas como esa?

No obstante, el pasaje bíblico revela que cuando el Espíritu Santo se manifestó en plena campaña conducida por los apóstoles Pedro y Juan, la gente empezó a convertirse y a recibir el bautismo del Espíritu Santo. Cuando Simón observó tal experiencia, hizo el pedido que revela la verdadera disposición de su mente:

"Cuando Simón vio que el Espíritu se daba por la imposición de las manos de los apóstoles, les ofreció dinero, diciendo: Dadme también a mí esta autoridad, de manera que todo aquel sobre quien ponga mis manos reciba el Espíritu Santo".

El fuego del Espíritu Santo nos lleva a toda verdad, bendice, revela, llama y redarguye. Evidentemente, Simón el Mago dio un paso emocional equivocado en su interpretación y petición errada. Simón no tenía la convicción del que se mueve en la verdad de Dios.

La convicción que prepara el espíritu para recibir al Rey de Reyes y Señor de Señores. La convicción que hace líderes y los prepara para la obra de Dios, la que se necesita para obedecer y desarrollar la Gracia de Dios en la vida. La convicción que viene de una mente renovada. Esta se da es una colaboración bidireccional, el ser humano decide entregarse, y por tal decisión su convicción se afirma y crece.

No se puede ser un creyente, sin la renovación del entendimiento

El creyente de hoy necesita renovar su mente como resultado de su decisión y convicción, por su entrega, al aceptar a Jesús como único salvador. No se puede ser creyente con un fundamento sólido, de raíces profundas, si no se da la renovación de nuestro entendimiento. Cuando se gesta tal ecuación espiritual, las pruebas nos hacen más fuertes, los vientos contrarios nos solidifican, las crisis son oportunidades, los retos se convierten en metas y Dios siempre es nuestro Señor. Tenemos que levantar la bandera de la Gracia para que los demás crean en el poder transformador de Jesús, porque el mundo se ha cansado de los fracasos ministeriales, del proselitismo y de los disparates teológicos.

¿Dónde conseguir remedio para tanta confusión? En el evangelio de Jesús que es el mismo ayer, hoy y por los siglos. Es en el creyente que da testimonio, de prudencia, solidario con los demás y con un alto sentido de santidad, justicia y misericordia que se puede perpetuar y reflejar ese Reino en el que algún día todos podamos vivir.

Hoy debemos decidir si seguimos el modelo de Simón el Mago, o el de todos aquellos que continuamente dan testimonio del amor de Dios. *El reto de la espiritualidad es el reclamo del Espíritu Santo a una humanidad que se pierde buscando soluciones a la sed de su espíritu y al dolor. Somos vasos frágiles con la capacidad emocional, física y espiritual para disfrutar una vida en paz, con múltiples bendiciones y guiados por la misma presencia de Dios.*

Les comparto una experiencia simple, pero real. Un día, viajando de la ciudad al campo con mi querido tío Julio, pasamos por una vereda que tenía una hilera de árboles de mangó. Inmediatamente, mi tío me mandó a detener el auto para recoger los mangos a orilla de la carretera. Sin vacilación, procedí a estacionarme y ayudar a recoger mangos para la familia. Al terminar nuestra jornada, mi tío me dice: "¿Quieres un mangó?" Inmediatamente le contesté: "No me gustan". En ese momento pude ver su mirada profunda que me cuestionó diciéndome; "Pero, ¿tú has probado un mangó?" Tomé la decisión de probarlo, y pude saborear una de nuestras frutas tan sabrosas. ¡Lo que me estaba perdiendo!

Así mismo es con la renovación de nuestra mente, iniciada desde la conversión. Uno no sabe lo que se está perdiendo hasta que no le da la oportunidad a Jesús de entrar en la vida y tomar el control. Hasta que no nos entreguemos al Espíritu Santo para recibir su poder transformador e iniciar un peregrinaje de vida abundante. No faltarán los momentos para lanzar ramas secas a nuestras vidas. No faltarán los momentos de crisis y llanto, no faltarán los momentos de desespero y aflicción, pero nunca faltará el Dios que ha prometido estar con nosotros en todo tiempo.

Jesús nunca llega tarde y tiene el perfecto plan para tu vida. Por tal motivo te estoy invitando a participar en la experiencia más sublime y alentadora, en la cual la salud integral es esencial y necesaria. Tenemos que volver a lo básico de nuestro peregrinaje cristiano, tenemos que reevaluar nuestros sentimientos y ser atrevidos para creer por fe que la vida cristiana es más que calentar un asiento o una banca los domingos en el culto. Necesitamos aceptar nuestra condición y dejar el conformismo, para ver la vida como Dios la ve y vivirla como el Espíritu Santo nos quiera dirigir. Si hay algún reto personal, tenemos que perder el miedo al fracaso y atrevernos - en el nombre del Señor - a enfrentar la persona más difícil: nosotros mismos.

El apóstol Pablo lo dijo inspirado por el Espíritu Santo: "No se conformen a este mundo". El cerebro tiene la capacidad de adaptarse físicamente como parte de un proceso de protección ante accidentes o golpes en la cabeza. A esto los neurólogos llaman "plasticity". Esta capacidad le permite cuidar su funcionamiento evitando, así, consecuencias fatales ante cualquier golpe devastador. Al considerar este poder de cambio físico, no se puede dudar del potencial para el cambio espiritual.

El Dr. Thomas Khun, físico, científico de los años 60, instituyó la frase "cambio de paradigma" refiriéndose a los cambios químicos. Cuando un componente químico que tiene propiedades singulares es impactado por otra substancia o componente químico, su estado original cambia totalmente. Por ejemplo, si tomamos hídrogeno al cuadrado (H_2) y le añadimos oxígeno, la reacción inmediata es la creación de agua (H_2O). Para que se cree el agua, una fuerza o sustancia tiene que venir "de afuera"e impactar lo que existía previamente, produciéndose un cambio radical. Lo mismo ocurre con nuestro cerebro.

Tenemos la capacidad de cambiar, porque Dios ha dispuesto un mecanismo cognitivo cerebral de células y neuronas que responden a los cambios biológicos, físicos y químicos en la vida. Tenemos esa capacidad mental y espiritual. El libro de Efesios 4:22-24 nos dice:

> *En cuanto a la pasada manera de vivir, despojaos del viejo hombre, que está viciado conforme a los deseos engañosos, y renovaos en el espíritu de vuestra mente, y vestíos del nuevo hombre, creado según Dios en la justicia y santidad de la verdad.*

El mensaje de Jesús es la dinamita de Dios

El impacto del mensaje de Jesús es la dinamita de Dios que llega a todo nuestro ser y produce los cambios necesarios y correspondientes. Es el cambio producido y que llamamos - "Cambio cristiano de paradigma". Solo por la fuerza de la Gracia, solo por el efecto de la cruz redentora de Jesús, solo por el poder de la resurrección de Jesús podemos afirmar esa fuerza que viene de afuera, la cual no podemos crear, manufacturar o producir. Esta llega en el nombre del Señor y nos salva y transforma. Se puede creer en esa Gracia salvadora por los miles de ejemplos y testimonios de muchos creyentes que han descubierto la plenitud de vida que da Jesús. No es una falacia, no es un cuento, no es una filosofía, ni tampoco una religión: es el mensaje redentor y salvífico de nuestro Señor Jesucristo.

Por lo tanto, tenemos que aceptar que tenemos dolores y marcas en lo profundo de nuestro ser, que muchas veces drenan y producen un "ataque cardíaco" a nuestro sistema de vida y su percepción de felicidad. Tenemos que aceptar que hemos tratado sistemas y método humanos para salir de esa adicción, dependencia e inseguridad, entre otras circunstancias de la vida, y que no hemos visto cambio alguno. Tenemos que reconocer que algo hay que hacer porque como el leproso descrito en el primer capítulo estamos cansados y agotados por el peso de nuestro pecado o disfuncionalidad. Tenemos que reconocer que muchas veces aquellas instituciones u organizaciones que se suponen nos ayuden tampoco lo han hecho, o se quedaron cortas en el proceso.

Estamos cansados de vivir viciados por los deseos engañosos de la vida. Tenemos asuntos no resueltos en el dintel de nuestro ser y llevamos años buscando la alternativa a todos estos males. Pero hoy es el día que hizo Dios y nos gozaremos en él porque sabemos que tenemos ramas secas que recoger, echarlas al fuego y renovar nuestra mente, para ser creyentes saludables y con el potencial de reconocer cual es la buena voluntad de Dios en nuestra vida. No podemos obviar y escapar de tal resultado.

Vivir renovados, es iniciar una aventura de relación con el Dios que quiere que seas feliz. Vivir con el espectro de la sorpresa en Jesús y dejar que él dirija la vida.

¡Deja que el Señor te sorprenda!

Nunca se me olvidará una simple pero poderosa experiencia que tuve como Director Ejecutivo de la Academia Cristiana (Discípulos de Cristo) en Bayamón, Puerto Rico. Tomé la decisión de saludar todas las mañanas a los estudiantes cuando llegaran al colegio, antes de iniciar sus clases. Noté que muchos llegaban cansados y con rostros deprimidos. Nuestros muchachos están llenos de vida y de gozo, pero hay días en que tienen que recuperarse del "madrugón" para llegar a tiempo al colegio.

Mi saludo era:"¡Buenos días, Dios te bendiga. Sonríe, cristo te ama!" Al principio los tomaba por sorpresa y algunos terminaban sonriendo. Con el tiempo los maestros y padres me motivaban a continuar tal práctica, porque ayudaba a muchos cambiar su actitud en el aula.

No obstante, un día oí detrás de mí una voz angelical que me dijo: "¡Siervo, siervo!" Hermanos(as), ciertamente yo creía que era el Señor llamándome. Entre sorpresa y susto, al mirar donde se escuchaba la voz, vi una niña del grupo de prekínder que me saludaba. Me llegaba a las rodillas, con unos ojos bellos y en su cabeza un enorme lazo. La niña expresó las palabras que produjeron en mí, un cambio de paradigma teológico y existencial:" ¡Deja que el Señor te sorprenda!" ¡WOW! ¡Dejar que el Señor me sorprendiera! Fue como un cantazo con un marrón espiritual en el pecho. ¿Deja que el Señor te sorprenda? Nunca en mis 40 años como creyente me habían llevado a un nivel más allá de mi estratósfera existencial.

Porque a nosotros nos gustan las sorpresas cuando son buenas y positivas, pero las negativas o desagradable ni pensarlo. Pero también porque la condición humana siempre quiere estar en control de su vida cotidiana o de la Gracia de Dios. Queremos mover la mano de Dios a nuestros antojos y deseos. Queremos que Dios nos bendiga como nosotros queremos y nunca en el plan de Dios. Le decimos a Dios qué hacer y cómo hacerlo en nuestras vidas sin contar en los demás. ¡Deja que el Señor te sorprenda! fue una reafirmación que Dios es Señor de la vida. *El reto de la espiritualidad es la renovación de la mente para dejar que Dios haga como Él quiera en nuestras vidas*. Porque el Señor tiene el perfecto plan y sabe que sin Él nada somos. Termino este capítulo como lo empecé:

˝No se conformen a este mundo; más bien, transfórmense por la renovación de su entendimiento de modo que comprueben cuál sea la voluntad de Dios, buena, agradable y perfecta".

CAPITULO 4

El reto de la espiritualidad: La adaptación institucional

Cuando llegaron a Betsaida, algunas personas llevaron a un hombre ciego ante Jesús y le suplicaron que lo tocara y lo sanara. [23] *Jesús tomó al ciego de la mano y lo llevó fuera de la aldea. Luego escupió en los ojos del hombre, puso sus manos sobre él y le preguntó:* — *¿Puedes ver algo ahora? El hombre miró a su alrededor y dijo:* —*Sí, veo a algunas personas, pero no puedo verlas con claridad; parecen árboles que caminan.*

Marcos 8:22-24

La iglesia nos pide que al entrar en ella nos quitemos el sombrero, no la cabeza.

Gilbert Keith Chesterton (1874-1936)

El ser humano es un ente muy especial. Es el único espécimen con capacidad intelectual, sentimental y corpórea. Dentro de su finitud existe la gran bendición de poseer destrezas y limitaciones. Desde el campo de la ciencia, es el único animal que posee la capacidad de amar, razonar, ser crítico en su juicio y demostrar la virtud de la vida con palabras y expresiones (virtudes que no tienen los robots con inteligencia artificial). Dentro de todo ese conjunto de virtudes hay un valor que trasciende, pues es la base para sobrevivir en ciertas condiciones. Me refiero a la virtud de la ''adaptación.''

La palabra adaptación en su forma básica se define como el cambio elemental que se requiere para que algo funcione ante el reto de una situación o demanda diferente.

Encuentro interesante el concepto porque evidencia la pluralidad emocional del ser humano en su proceso de vida y su constante lucha por ser feliz. Si no nos adaptamos a nuestro ambiente, al parámetro social, a las corrientes filosóficas y a muchas otras, ciertamente vamos a caer en un abismo de negación, autodependencia o simplemente dejaremos de existir. Todos queremos sobrevivir, todos queremos superarnos, dar lo mejor y, sobre todo, ser felices.

La capacidad para adaptarnos es imperativa en la vida. Es la forma de recibir el impacto que cambia nuestro paradigma para poder comprender, aceptar, mejorar y descubrir nuevas fuerzas y formas de vida.

No obstante, cuando el proceso de adaptación se convierte en un simple mecanismo de defensa, o se pierde en los círculos concéntricos de la rutina, se corre el peligro de caer en la fosa de los leones de la monotonía y se arresta el sentido de creatividad. Cuando los procesos de adaptación coartan la efectividad y validez de hacer preguntas sobre la vida y los porqué de esta, caemos en las garras de lo institucional. No me mal interpreten. Definitivamente hace falta la capacidad de preguntar para nuestro desarrollo, pero no al nivel de que tal método limite el esfuerzo de buscar lo nuevo, de experimentar la Gracia de Dios, de tener nuevas revelaciones y de conocer cuál es la anchura, longitud, profundidad y medida de la grandeza de Dios y sus misterios.

Porque la vida es orgánica, no se detiene por nada ni nadie, siempre está en el proceso de los cambios. Por ello, es menester que podamos discernir entre el crecimiento espiritual y la sistematización de las instituciones como un reto de la salud integral y como evidencia de nuestro servicio a Dios. No obstante, necesitamos comprender esta gran verdad con más detalles y así descubrir el reto de la espiritualidad desde la perspectiva de la adaptación institucional. Entiendo que el mejor ejemplo bíblico para tal tarea se

encuentra en el evangelio de Marcos, que fue escrito aproximadamente cincuenta años después de la muerte de Jesús.

Lo interesante de este evangelio, como todos los sinópticos, es
que presenta a Jesús de una forma diferente, lo que la alta crítica
teológica llama **cristología.** La cristología de Marcos es bien interesante. En dicho evangelio, se presenta a Jesús desde el "secreto
mesiánico" (Stott, 2001). Un ejemplo del "secreto mesiánico" lo vemos en este evangelio cuando Jesús le dice a todos los que recibieron su ministración que fueran al templo para seguir el orden de
restablecimiento de sus vidas, pero añade - ''No le digan a nadie''.

La anterior es una forma teológica de presentar el futuro me-
sianismo de Jesús ante el reto de una Iglesia nueva, creciente, que
está tratando de entender la divinidad del Señor.

El caso del ciego

En Marcos 8 aparece Jesús en Betsaida y los allí presentes le
traen a un hombre ciego para que el hijo de Dios lo sane. Me
encanta lo que hace Jesús con el ciego. Primero, lo toma de
la mano, estableciendo un contacto humano. Jesús no era un fan-
tasma o espíritu ambulante. Tras tomarlo de la mano, lo saca de la
ciudad. Esto es muy importante, porque revela y fortalece el punto
discutido al principio de este capítulo. Me refiero a que siendo un
hombre ciego, su proceso de "adaptación" era necesario para poder llevar una vida normal. Necesitaba establecer una rutina que lo
ayudara a moverse libremente en su casa y fuera de la misma. Me
imagino al ciego en su casa diciendo: "Son diez pasos de mi recá-
mara a la cocina; cinco de mi sala al baño; treintaicinco pasos para
ir a la plaza, y veinte más a la izquierda para llegar al estanque". Y
así sucesivamente.

Hay situaciones que demandan tal sistematización para sobrevivir, y al perpetuar el método, se desarrolla una rutina muchas veces necesaria, pero nociva para el crecimiento. A veces no tenemos otra alternativa, como el ciego de Betsaida, otras veces tenemos miedo a los cambios y muchas veces resulta más cómodo quedarnos como estamos, "no pasar trabajo". Porque el crecimiento y la salud espiritual cuestan muchos sacrificios. Se requiere un esfuerzo continuo para mantenerse al frente de los cambios y demandas de la vida.

Un profesional en el campo de la medicina, constantemente debe tomar entrenamientos, aparte de participar en seminarios instructivos en su campo, sumándose a esto la lectura de libros relacionados con su tarea. Adaptarse a su rutina ordinaria y habitual pone en peligro no tan solo la vida de sus clientes, que buscan y necesitan el tratamiento pertinente, sino también a su propia persona, al estar estancado en su desarrollo profesional.

La "adaptación" es una condición humana requerida para la sobrevivencia, pero esta no puede limitar ni poner en jaque el crecimiento personal. Porque las rutinas son necesarias, pero no deben minimizar el crecimiento espiritual y emocional.

Las rutinas del diario vivir existen para darle descanso al cerebro. Imagínese lo que sería tener que tomar constantes decisiones sobre todo, desde qué pasta de diente vamos a usar, qué ropa llevaremos, qué zapatos, qué ruta seguiremos al trabajo… El cerebro se iría en un "shock emocional". ¡La sobrecarga sería demasiado pesada para hacer todo con una conciencia intencionada ante cada detalle de la vida!. La rutina tiene su función y es necesaria siempre y cuando abone y estimule el crecimiento integral.

El milagro reta nuestra zona de seguridad

Dice la Escritura que Jesús tomó al ciego de la mano, lo sacó de la ciudad, y lo llevó fuera de la aldea. En otras palabras, para el milagro que iba a recibir, el ciego, tenía que salirse de su zona de comodidad, de su entorno tradicional y del molde cotidiano que le ofrecía cierta seguridad emocional ante el reto de su ceguera. Si el ciego no se entregaba al cambio, se perdía la gran bendición de poder recobrar su vista. Tenía que salir de la aldea porque en la misma estaba su presente limitado, su esquema de frustración y su cuna de llanto. ¿Cuántas veces el ciego recostado en su cama, le pedía a Dios un milagro? ¿Cuántas veces el ciego necesitaba depender de otros para recibir lo básico en la vida? ¿Cuántas veces sus ojos no podían ver las lágrimas que corrían por sus mejillas?

El peligro de su recuperación era quedarse ensimismado en su formato tradicional. Corría el peligro de quedarse en su "campo seguro," y perderse la oportunidad de recibir la bendición de la vista. ¿Cuántos hermanos(as) en este preciso momento se sienten igual que el ciego? No se atreven entregarse a cosas nuevas ni a experimentar positivamente las virtudes de Dios. *¡El reto de la espiritualidad es superar la adaptación institucional!*

Hoy la iglesia del Señor tiene la misión de ser la fuente sanadora y el lugar de los milagros en el nombre del Señor. La iglesia de hoy está llamada a abrazar a los de abajo y ser faro de luz para los perdidos. La iglesia tiene la responsabilidad de reconocer a Jesús como su Señor, y al Espíritu Santo como el santo paracleto de toda ministración y liberación.

La iglesia primitiva poseía el testimonio del Espíritu, que le dirigía a experiencias bien particulares y milagrosas. Blomberg (2007), sugiere que el testimonio de la iglesia primitiva no se podía dar el lujo de caer en un insularismo institucional, ni mucho menos adaptarse a la corriente religiosa y filosófica de su tiempo, porque de hacerlo, perdían la capacidad para discernir lo que es y no es de Dios.

El reto de la espiritualidad es no caer en las garras de la adaptación institucional porque perdemos enfoque y la capacidad de ministración en el nombre del Señor. Las iglesias históricas se han quedado atrás en su proceso de renovación espiritual por caer en la arena movediza de rutinas inquebrantables que se han convertido en vacas sagradas intocables. Han permutado la efectividad de la Gracia por reglamentos, pólizas y leyes doctrinales que irónicamente nacen bajo el estigma de ayudarnos a incorporar la Gracia de Dios y establecer orden entre los santos redimidos. No obstante, hemos caído en el mismo error de la sinagoga judía en los tiempos de Jesús: convertir a la iglesia en todo, menos en el lugar de sanidad y santidad. Yo soy un ferviente creyente que debe existir organización en la iglesia; debe haber un sistema que nos ayude a dirigir nuestras reuniones y a tomar decisiones para el bien de todos. Entiendo que la iglesia debe regirse y dirigir todo esfuerzo al buen entendimiento entre los santos que la componen. El gran pecado de hoy es que la ''praxis eclesial'' ha caído en la fosa de lo tradicional y metódico. Algunas iglesias, se han convertido en centros de embalsamamiento. ¿Por qué las iglesias históricas pierden miembros? Algunas se han convertido en panteones religiosos cuya sola potestad consiste en crear ''ovejas institucionalizadas''.

No creo que la intención de la Iglesia es ″institucionalizar″ a las ovejas. Me parece con toda convicción que la iglesia debe ser la plataforma para el crecimiento espiritual, donde se puedan hacer preguntas, decir no lo que los líderes quieren oír sino la verdad de las necesidades espirituales de las personas y de la comunidad. La iglesia del Señor debe ser el centro de alimentación espiritual y no el lugar de luchas de poder de grupos elitistas. Estas luchas surgen por varias razones, pero una de las principales es la aplicación de reglamentos favoreciendo a ''preferidos y protegidos''. *No, mis amados, el reto de la espiritualidad es no caer en la adaptación institucional porque terminamos conformándonos con lo que aparentemente se pretende convencer a sus miembros como progreso y crecimiento en la iglesia.*

Practicar y vivir lo que predicamos

Nos quedaremos ciegos hasta que no llegue la verdad de Jesús y nos saque de nuestra aldea sincretista, insularista y enajenada. El mundo de hoy necesita algo vibrante, poderoso y transformador. Algo nuevo que demuestre al Dios que está en las cosas grandes así como en las cosas pequeñas del diario vivir. La iglesia necesita otra ''Reforma'' que estremezca las raíces del conformismo y despierte nuestras almas del letargo de este mundo. No las palabras que se lleva el viento, sino una *proxa* con *praxis,* es decir practicar y vivir lo que predicamos. Creo fielmente que tenemos que resucitar a la iglesia, lo cual implica una revitalización en el seno de nuestra propia espiritualidad. Jesús tuvo que tomar al ciego por la mano y sacarlo de la aldea. La institución nunca será más grande e importante que el ser humano, porque la institución está compuesta por estos.

Cuando se torna la balanza hacia la protección inequívoca, injusta e irracional, del gigante de la institución, el ser humano sufre desprecio y la frialdad, que es su cosecha. No obstante, cuando se protege al ser humano, se protege a la institución.

¿Cuáles son las señales que indican que hemos estado mucho tiempo ciegos en la aldea? Veamos el pobre crecimiento espiritual de nuestro tiempo. La tensión, depresión y en general la salud mental del mundo está en crisis.Pero no todo es tétrico y muerte institucional. Hay un avivamiento en la iglesia latinoamericana, donde el Espíritu Santo se está derramando en las almas. Nuevas conversiones y frutos espirituales están en auge. Además, en el continente africano, la presencia de Dios se está manifestando de una forma increíble y las iglesias están creciendo de forma magistral. En el mismo Estados Unidos la iglesia (aunque responde por el crecimiento de la población latina en casi todas las ciudades) está creciendo y las almas se están convirtiendo a Jesús.

Si analizamos de cerca el móvil de estos avivamientos notaremos que comparten ciertos elementos. En primer lugar, las iglesias se atrevieron a cambiar su visión de lo que debe ser la iglesia del Señor. Se adhirieron a la visión de educar, enseñar y adorar a un Dios de orden, pero que se puede ver en todas las manifestaciones de la vida. Este es un principio primordial.

En segundo lugar, se invitó al Espíritu Santo a ser dueño la iglesia y a producir los milagros del ayer en el hoy ¡cediendo todo control al Espíritu de Dios! Dejaron de tener miedo a perder el control y se lo entregaron al Espíritu de Dios. Finalmente, dejaron de hablar de los avivamientos del pasado y se pusieron de rodillas para pedir un avivamiento hoy, no el de mañana, no el de ayer, sino el de hoy. De este modo, el evangelio se tornó en estilo de vida y no en una religión.

Autoridad institucional o autoridad del Espíritu

¿Desde cuándo no tenemos un avivamiento general, donde las rodillas se doblen y el clamor se escuche desde los ecos del corazón hasta el mismo trono de Dios? Hace años que se abandonaron los cultos domingo por la noche, pero también se abandonó la escuela bíblica, el día de oración y ayuno en adición a las visitas a los necesitados. Por otro lado, los escándalos ministeriales y evangelísticos ya son parte del diario vivir de la iglesia. Nos hemos acostumbrado a esa corriente del mundo y vemos todo eso como parte de una rutina monótona y pueril que no perpetúa el crecimiento espiritual. No obstante, siguen creándose más reglamentos y leyes para substituir la verdad de lo central y el propósito de la iglesia. Tenemos que girar la balanza al lado del Espíritu Santo, y pedirle que tome el control. Si queremos crecer, cambiar y poseer no la autoridad institucional sino la que da el Espíritu Santo, hay que dejar que Jesús nos saque de nuestras aldeas.

Reafirmo que necesitamos la institución, el concepto es abstracto, porque la institución son las personas que la componen. Compuesta por los que anhelan justicia y creen en la verdad del evangelio. Sabemos que siempre hay variables, retos legales, necesidades administrativas, momentos legalistas pero estos parámetros nunca pueden lanzar a la iglesia a salir corriendo a buscar refugio en estilos administrativos que son más del mundo que del mismo Dios. Me parece que Jesús hizo referencia a esto, cuando condenó la tradición del sábado judío, denunciando que la misma era más importante que el ser humano con su necesidad. Siempre tiene que haber un sentido de lealtad a los grupos y las organizaciones, pero con la entereza de cuestionarla y hasta retarla para conmover sus simientes para no desenfocarse ni salirse del carril de su misión salvífica.

La conducta humana necesita unas directrices y un mecanismo para articular orden y disciplina dentro y fuera de la iglesia del Señor.

En la sicología industrial, se estudia las dinámicas de grupo y cómo aplicar una dirección efectiva para realizar las metas establecidas, pero nunca se puede perder perspectiva que el ser humano que compone la misma es el centro de toda operación.

Doy gracias a Dios por todas las denominaciones y grupos religiosos independientes, pero hago el reclamo para la re-evaluación y análisis crítico de nuestros fundamentos y estilos administrativos que deben apuntar hacia la gloria de Dios y no la del hombre.

Por otra parte, dentro del campo eclesial encontramos otro reto: el fenómeno de las ´´mega-iglesias", La organización Semper Reformada Latinoamérica (16), en su reportaje y estudio sobre el efecto de las mega-Iglesias en la comunidad latina nos informa, que donde quiera que se levante una mega-iglesia (MI), las iglesias pequeñas son absorbidas tanto en el área de la asistencia como en la parte programática de su adoración. Es obvio, que las mega-iglesias cuentan con recursos económicos y de planta física que rompen con los modelos tradicionales arquitectónicos y programáticos de las iglesias históricas.

Menciono la adoración, porque una iglesia con buenos recursos, casi siempre confeccionan una liturgia llamativa, amena junto a un excelente equipo de adoración, con música de toda clase. ¡Es todo un espectáculo! Las iglesias con pocos recursos, tienen que limitarse a lo que tengan. Por eso los pastores(as) son bien meticulosos y sobreprotectores de su equipo de adoración y sus músicos. No obstante, si estoy haciendo una radiografía espiritual de la iglesia de hoy, tengo que traer a la luz ciertas estructuras que componen esta iglesia. Yo he tenido la maravillosa oportunidad de predicar la palabra de Dios por cerca de cuarenta años y en diferentes partes del mundo. He visto templos y congregaciones de toda clase y nombres.

Una vez, fui invitado a Santo Domingo, a una campaña de avivamiento en la ciudad de Santiago, en marzo del 1987. Aquella era una iglesia bien sencilla. El piso era de tierra, los asientos eran cualquier cosa que se pudiera usar para recostar el cuerpo. El altar eran dos sillitas, una mesa con un mantel blanco y unos pedazos de madera para separar el altar del resto de la iglesia.

No había micrófonos o equipos de sonido. Los músicos era un padre con su hijo y tres hermanas con unos moños grandes. No estoy diciendo que esa era la condición de la iglesia en Santo Domingo, porque ciertamente hay templos hermosos y grandes, por igual. Pero aquí viene la lección, en esa iglesia se sentía una presencia de Dios profunda y grande. Los milagros y bendiciones que se daban en la misma eran excepcionales.

No estoy criticando a las mega-iglesias o a las históricas, pero sí estoy señalando que tenemos que asegurarnos de para quién es la adoración y cómo manejamos los asuntos administrativos dentro del cuerpo de Cristo. En adición hay que comprender que la iglesia del Señor, esposa del Cordero, demanda presencia del Espíritu y que el mismo capacita y entrena a los hermanos(as) a convertirse en agentes de cambio, es decir, en embajadores del Reino de Dios, llamados a servir y a ser de bendición para todo aquel que necesita ser salvo. No podemos institucionalizar a las ovejas, convirtiéndolas en masas del redil o un número más en el campo de la enajenación.

Jamás cuestionaré el mover del Espíritu Santo en la Iglesia del Señor, ya esta sea histórica o mega-iglesia, pero sí hay que cuestionar cómo se está trabajando en ambos contextos, porque tan malo es no tener la unción como tenerla y no usarla para crecimiento y salud integral en la vida. Las iglesias históricas tienen que abrirse al mover del Espíritu, ya sea como viento recio o silbo apacible. Yo soy un fiel creyente que avivamiento no es escándalo y brincos, pero tampoco es muerte y desolación. *Responder al reto de la espiritualidad es hacer la obra de Dios, no tan solo con los de la casa sino también con los de afuera. Ese es mi punto central, en cuanto al reto de nuestra espiritualidad para así evitar caer en el foso de las reglamentaciones injustas y en el abismo de lo emocional sin frutos.*

En cualquier casa que adoremos estamos llamados a ser instrumentos de Dios buscando, que el Espíritu Santo nos capacite y prepare para toda buena obra. Tenemos que crecer, ya sea en la iglesita con 50 miembros donde todos están sobrecargados con la operación administrativa de la misma o ya sea en la iglesia con 15,000 miembros donde hay un mundo que puede utilizar los recursos de una forma justa y balanceada.

Ya sea que usted adore en un contexto familiar de una iglesia histórica o usted aunque sea un número más y nunca llegue a conocer todos los miembros de la misma, puedan perpetuar la obra de la voluntad del Dios que se mueve en una y en la otra.

El reto de la espiritualidad es no caer en la adaptación institucional. No temamos en hacerle preguntas a los que nos dirigen y se puede cuestionar los procesos sin temor a represalias. Es un servicio a nuestro Dios cuando estamos inquietados a movernos a los cambios productivos dentro del cuerpo de Cristo. Tenemos que poner nuestros oídos al suelo para escuchar las corrientes de los cambios que están surgiendo. Si no seguiremos perdiendo a los jóvenes de la iglesia, los hermanos(as) se convertirán en miembros de domingo en domingo y lo más terrible es que perderemos la sal que da sabor a pan caliente que necesita la gente.

Mis amados tenemos que volver a lo que hizo grande y poderosa la iglesia del Señor. Tenemos que volver a rescatar el poder del sacrificio, compromiso y entrega. Conceptos que se nos han escapado de las manos y la conciencia. Tenemos que volver a doblar rodillas y practicar el ayuno. Tenemos que volver a las bases del amor entre todos(as), tenemos que volver a entronar a Jesús y ponerlo en el centro de la iglesia y el corazón. ¿Para qué? Para dar testimonio, para que la gente de afuera pueda ver una diferencia en nosotros, para descubrir la insondable y multiforme Gracia de Dios y para empezar a romper moldes y formatos que nos amarran a este mundo y drenan las oportunidades del Reino.

Por eso no pierdo la esperanza en los pastores jóvenes y la visión que traen para la iglesia de hoy. Dios está levantando una era de pastores(as) que se atreven retar la institución. Que se atreven a hacer las preguntas que alteran el curso de la lógica institucional. Que se atreven a explorar nuevas formas de espiritualidad y a discernir su efectividad y provecho para la iglesia. Pastores jóvenes que vienen de distintos contextos, estratos sociales, con experiencias de quebrantamiento crítico y profundo, pero con la valentía de confrontar su dolor y aceptar su vulnerabilidad. Dios está levantando una nueva sepa de pastores(as) que hablan el léxico del laico, que lloran con el que llora y se gozan con el que se goza. Sí, mis amados, pastores que no tienen miedo en demostrar su humanidad y su sed de Dios.

El Señor sabe lo que hace, porque si seguimos este camino nos seguiremos alejando de las personas que Dios nos ha llamada a servir. No tan solo los de la casa, sino también a los de afuera, y uso esa descripción con mucha sensibilidad, porque a veces los de afuera se portan mejor que los de adentro. Dios sabe lo que hace, porque el mundo entero tiene serios problemas de salud mental. Las presiones de la vida con guerras en el Medio Oriente, cambios drásticos climatológicos y ambientales, la violencia de la calle, la devastación de las drogas y la proliferación de lo sensualidad, son algunos males que todos sufrimos.

Uno de los pasajes bíblicos impactantes para nuestros tiempos es el que presenta a Jesús ascendido al cielo y a los discípulos mirando la ascensión. Tienen que llegar ángeles a recordarles la misión que tenían delante. Si no llegan los ángeles, se quedan mirando al cielo; aún después de la partida de Jesús y habiendo recibido el viento recio del Espíritu Santo, todavía los discípulos no entendían la profundidad de la misión. Era en el camino, en la entrega y en la fe de que Dios estaba con ellos. Pero, asustados, confundidos por el trágico fenómeno de la muerte de Jesús, necesitaban tiempo para comprender. La misión era realizar que Jesús es más que la ley, es más que nuestros formatos, es más que nuestros parámetros, es más que nuestros deseos emocionales; Jesús vino para dar vida y para darla en abundancia.

Finalmente, hagamos una comparación entre la iglesia de hoy y la sinagoga judía para poder establecer el punto final de la sensibilidad y enfoque que demanda la implantación de la ley, cuando ésta se aplica injustamente o toma el primado de la obra de Dios. Si comparamos la misión de la sinagoga judía con la misión de la iglesia de hoy, podemos encontrar unos paralelismos religiosos. Aunque los contextos históricos y eclesiales sean diferentes, existen similitudes. Por ejemplo, las dos instituciones se mueven en la esfera religiosa y representan la comunidad a la que ofrecen sus servicios. Además, ambas son fundamentales en cuanto a desarrollar la identidad de un pueblo. La ley judía era y es un elemento sacro-santo en su devenir histórico y religioso.

Para el judío, su templo y religión, junto a la ley, establecían los parámetros para el buen vivir, para su adoración y progreso como pueblo de Dios ante las demás naciones. Por tal motivo, desde una óptica teológica antiguo testamentaria, podemos notar que la interpretación del pueblo de Israel era que cuando la idolatría sustituía al Dios de vida, el pueblo sufría las consecuencias de sus desobediencias, pero cuando eran fieles a Dios y su ley, el pueblo recibía bendiciones a granel.

El Nuevo Testamento nos muestra que surgen aberraciones de la ley que rayan en el legalismo farisaico. En esta práctica la ley se entrona por encima de la necesidad humana y se convierte en una camisa de fuerza que da a luz sacrificios inútiles y pueriles. En los que el corazón está lejos de Dios. Por esto, cuando Jesús llega enviado por el Padre, tiene como misión concientizar al pueblo de que la ley era un parámetro destinado a instituir orden y justicia, no para crear sacrificios inútiles, porque nadie puede justificarse por la ley, pues todos somos hallados faltos. Es en la Gracia de Jesús que encontramos nuestra salvación porque somos justificados por su muerte en la cruz.

Cuando leemos los evangelios desde Mateo hasta Juan, encontramos a un Jesús ministrando sanidad y salvación, elementos de vida que afirmaban la obra de Dios. De un lado la ley sacaba la gente del templo, el ministerio de Jesús los regresaba.

El uso y abuso de la Ley

Cuando se aplica la ley con justicia y misericordia, la misma sirve su propósito, aunque nadie es salvo por la ley. Pero como señalé anteriormente, cuando la misma ley es para unos y para otros no, entonces se cae en la desolación de las injusticias, donde el abuso y la corrupción espiritual nacen con todo su esplendor. La iglesia de hoy corre el peligro de caer en tal abismo, porque muchas veces la ley se usa como un instrumento de abuso y para reafirmar procesos que rayan en la violación de la justicia de Dios.

Es un gran pecado ´´adaptarnos a las instituciones, ´´ que perpetúan la injusticia. El reto de la espiritualidad es alzar la voz profética del Espíritu y denunciar con tesón y firmeza el mal y sus consecuencias. No podemos callarnos, pues el mismo Jesús tuvo que denunciar los actos de injusticia. Recuerden que él dijo que no vino a abrogar la ley sino a cumplirla.

La misión de la iglesia es preservar su orden, mantener los parámetros del balance, exponer y facilitar un ambiente interpersonal para que todos entendamos dónde empieza nuestra libertad y dónde termina en cuanto a las relaciones individuales y colectivas. En adición, el estar claros en nuestra misión y visión y cómo alcanzar las mismas. La iglesia es el lugar donde se adora al Dios que merece toda la gloria y honra. Porque al final hay una sabiduría consensual en el pueblo, una sabiduría grupal que nace desde la base del pueblo y que muchas veces representa la misma voluntad de Dios, y son las voces que adoran con manos en alto y cantan para su gloria, quienes la expresan.

La iglesia del Señor

a iglesia, como una institución que representa la presencia del Dios vivo y con un mensaje de vida, es la que sigue el orden y la justicia y da testimonio de aquél que es Dios por todos y para todos. Independientemente de su nombre o confesión, esa es la iglesia de Dios. La iglesia que el Espíritu Santo profetizó en Asia Menor y la que costó la vida de muchos durante la persecución de los emperadores romanos. La iglesia que fue reformada y que desde entonces alza la bandera de la cruz. La iglesia que tiene la misión para proclamar al Jesús quien dio su vida para salvarnos. La iglesia que celebra la Santa Cena, donde todos(as) están llamados a sentarse a la mesa. Esta no es la mesa en la que los perrillos comen de las migajas que caen, es la mesa donde estaban todos con sus limitaciones, pecados y debilidades.

La iglesia del Señor, no es perfecta porque está compuesta por gente con sus complejidades, calamidades y virtudes. Por más que tratemos de perfeccionarla, esta siempre mostrará defectos que corregir, gente que disciplinar, hermanos(as) que ayudar, líderes que capacitar. Pero en ella está, también, el pueblo que adora y glorifica su nombre. *El orden y la justicia que representan la base de la ley y la espina dorsal de la administración eclesial tienen su lugar y efecto, pero nunca pueden ser más grandes que aquellos a quienes intenta proteger y prosperar. El reto de la espiritualidad es siempre hacer ver el propósito de Dios y su orden en la vida de la iglesia.* Porque lo que está mal, desenfocado, injusto y falto de misericordia, necesita siempre el impacto del viento recio de la verdad y del fuego purificador del Dios justo y misericordioso.

¿Cómo podemos predicar desde el púlpito los mensajes de justicia y misericordia? El Espíritu lo reclama, la verdad la exige y el verdadero orden lo espera. Gracias a Dios que somos salvos por gracia para que nadie se gloríe. Gracias a Dios que todos tenemos los pies de barro. Gracias a Dios que solo hay uno bueno, y ese es Dios. Gracias a Dios que existe la capacidad del perdón, la prudencia y renovación. Gracias a Dios que nos ha dado una mente para ser analíticos, juiciosos y agentes de cambio. Gracias a Dios por su palabra reveladora y fuente de la verdad transformadora. ¡Gracias a Dios porque Él está en control! ¡Gracias a Dios!

Recordemos lo que nos dice Chesterton: "La iglesia nos pide que al entrar en ella nos quitemos el sombrero, no la cabeza"

Ya reconociste que eres una vasija de barro con muchas faltas y limitaciones, junto a todas las cosas buenas y positivas en tu vida. Pero hay algo que no te deja tranquilo, que pesa sobre tu vida y te hace hacer cosas que no están bien. ¡Se llama lepra! Te invitamos a que hagas un inventario espiritual y tomes esa lepra que se convierte en ramas secas y la eches al fuego del Espíritu, para que tengas una experiencia de renovación y restauración.

Luego, llegas a la iglesia y te encuentras con múltiples bendiciones pero también con algunas fallas que no te ayudan a progresar, pero es tu iglesia y allí te puso Dios. Tienes que cuidarte de no caer en los lazos de manipulación y enajenación vía reglas, leyes y pólizas injustas y mal aplicadas. Ahora tomemos tiempo para reevaluar nuestra experiencia en el mejor modelo que podemos seguir, el modelo de la santidad con los pies puestos en la tierra. El modelo que salta para vida eterna y que es mi eterna pasión y amado Señor: su nombre es ¡Jesús! Te lo presento en el próximo capítulo. ¡Veamos!

CAPITULO 5
El reto de la espiritualidad: el modelo de Jesús

Los guardianes del templo volvieron a donde estaban los fariseos y los jefes de los sacerdotes, que les preguntaron: ¿Por qué no lo trajeron? Los guardianes contestaron: ¡Jamás ningún hombre ha hablado así! Entonces los fariseos les dijeron: ¿También ustedes se han dejado engañar?

Juan 7:45-47

No vamos a Cristo corriendo, sino creyendo; no se acerca uno a Cristo por el movimiento del cuerpo, sino por el afecto del corazón.

San Agustín (354,d.C.- 430 d.C.)

Elena White lo llamó "El deseado de mi alma". Martín Lutero lo llamó "Mi justicia". Tomás de Aquino lo llamó "El camino". Billy Graham lo llamó "El Salvador de mi alma", Yiye Ávila exclamó: "Cristo viene". Poncio Pilatos dijo: "He aquí el hombre". El centurión frente a la cruz confesó: "Verdaderamente este era hijo de Dios". El mismo Dios Padre dijo: "Este es mi hijo amado en quien tengo contentamiento".

Expresiones y reclamos del alma que detonan cuando el corazón tiene un encontronazo con el Rey de Reyes y Señor de Señores:

"Jesús el hijo de Dios". La figura conocida por todo el mundo y reclamada desde toda plataforma religiosa cristiana: el hijo de Dios que vino a buscar y a salvar lo que estaba perdido.

No obstante, esta figura que ha despertado interés tanto en grupos, religiosos como en exponentes de la alta crítica teológica, ¿existió verdaderamente? ¿Qué se dice del Jesús histórico? ¿Podemos confiar en aquellos que representan su historia? Sobre todo, ¿estamos dispuestos hacer una apología del Dios que nos envió a su hijo?

No se alarmen mis amados, porque no estamos negando la bella y poderosa persona del hijo de Dios. Pero es necesario enfatizar en su persona y ministerio, porque la verdad de Jesús tiene que hacer una diferencia en nuestras vidas. No podemos seguir siendo los mismos cuando chocamos con la cruz de Jesús: su acto salvífico hace una gran diferencia en la vida.

En cuanto al reto de la espiritualidad nos toca seguir el modelo de Jesús, y esto es más que una invitación formal o un pedido al azar. La invitación a seguir el modelo espiritual de Jesús es un desafío que tiene como motivo acercarnos al Padre y vivir las promesas de su Reino. Seguir a Jesús implica iniciar un proceso de transformación y crecimiento espiritual en todas las dimensiones de nuestra vida. Como Jesús hace la diferencia y demanda seguirle, no podemos hablar sobre el reto espiritual si no estudiamos la persona de Jesús para seguir su ejemplo hasta el final. Algún día estaremos frente al Rey de Reyes y Señor de Señores y escucharemos: ˝Ven buen siervo y fiel, en lo poco has sido fiel en lo mucho te pondré, entra en el gozo de tu Señor".

Pero ¿por dónde empezamos? No podemos negar que la figura de Jesús es excepcional. Hay varias corrientes de análisis y acercamiento crítico sobre su persona, mensaje y misión. ¿Se puede negar su existencia? ¿Verdaderamente era el hijo de Dios? El mismo Jesús expresó:

"Al llegar a la región de Cesarea de Filipo, Jesús preguntó a sus discípulos: «¿Quién dice la gente que es el Hijo del Hombre?»

Ellos dijeron: "Unos dicen que es Juan el Bautista; otros, que es Elías; y otros, que es Jeremías o alguno de los profetas". Él les preguntó: "Y ustedes, ¿quién dicen que soy yo?" Simón Pedro respondió: "¡Tú eres el Cristo, el Hijo del Dios viviente!" (Mateo 16:13-16).

La pregunta de Jesús, cala hondo en sus seguidores, porque cuando se inicia una jornada de salud integral es necesario entender, sin lugar a dudas, quién es Jesús en nuestra vida. Independientemente de qué tipo de acercamiento hagamos a la figura de Jesús, lo básico y fundamental en nuestra relación con el hijo de Dios se subscribe y somete a la fe. Si hay pruebas o no para afirmar la historicidad de su persona, o si se pone en tela de juicio el testimonio de la iglesia primitiva, y más aún, si el mundo quiere negarle, la realidad es que su figura cambió radicalmente los parámetros de su tiempo, hasta el día de hoy.

Para afirmar el reto de la espiritualidad desde el contexto del modelo de Jesús, analicemos el fenómeno crítico histórico de la persona de Jesús. Conozcamos lo que algunos críticos buscando al Jesús histórico nos dicen.

El Dr. Reza Aslan (2013), nos presenta a un Jesús judío, sumamente identificado con los pobres de su tiempo. Para Aslan, Jesús como figura histórica, era un judío revolucionario, identificado con los pobres y las injusticias experimentadas bajo el Imperio Romano. Como nota interesante, el autor sugiere que Jesús era discípulo de Juan el Bautista. De ahí, se puede deducir la relación entre estos y el ministerio desempeñado por ambos. También destaca la descripción de Jesús como - "El Hijo de Hombre"- matizando la parte humana de Jesús. La implicación de tal título revela (según el autor) que Jesús estaba claro en cuanto a su misión y su identidad con el pueblo de Israel.

Desde estas posturas, podemos ver que la espiritualidad de Jesús es una significativamente relacionada con su religión y los símbolos que la componen, como el altar, la sinagoga, las tradiciones judías y la importancia del Sabbath, entre otros. Por ello, cuando leemos el evangelio de Mateo, en su cristología (estudio de Jesús)

Jesús es el nuevo Moisés. Vemos a un Jesús que visita las sinagogas, lee el rollo del libro de Isaías, cita el Antiguo Testamento y que protagoniza muchos choques teológicos con los fariseos, especialmente con la alta jerarquía religiosa del momento.

Aslan: un acercamiento histórico a Jesús

Aslan (2013) presenta la interpretación de los discípulos sobre la fe de Jesús. La fe de Jesús era una inquebrantable, sólida y balanceada. Jesús no es un fanático buscando gloria y poder. Jesús tuvo una vida emocional y espiritual balanceada y sana. Su fe calmó los vientos y los mares, resucitó a la hija de Jairo y a Lázaro, multiplicó los panes y los peces, sanó a ciegos, paralíticos y otros muchos. La fe de Jesús se alimentaba de la palabra de su Padre, se fomentaba desde una relación íntima con Dios, se proyectaba en medio de las bendiciones, pero también en las crisis. La fe de Jesús es una para imitar y vivir.

El acercamiento histórico de Aslan responde a la intención de limitar la figura de Jesús a un canon cronológico que le enmarque en una época y cultura. Aslan nos invita a preguntarnos si la labor de Jesús fue solamente la de un judío consciente y comprometido con su pueblo, quien fuera glorificado por sus seguidores como hijo de Dios. Sobre todo, si la figura de Jesús responde a la necesidad de contar con un héroe patriótico, o simplemente era una forma de procesar el dolor y los abusos de un Imperio que estaba robando y violando al pueblo de Israel. Desde este marco a Jesús se le puede interpretar como hombre y no como hijo de Dios.

Para la alta crítica Jesús era un buen judío, con una misión como muchos mesías de su tiempo, que le precedieron, identificado con los pobres y sus necesidades. Pero, cuidado con tal afirmación. Jesús es más que eso. Los críticos de Aslan le plantean que explique "el fenómeno de los milagros". Si Jesús era solo un hombre con buenas intenciones, o un revolucionario que deseaba cambios políticos, ¿cómo podemos obviar su mensaje y sus milagros? ¿Cómo puede un simple judío de Nazareth, perpetuar hechos portentosos y milagrosos? Resucitar a los muertos, multiplicar los panes y los peces, calmar los vientos y las mareas, reprender demonios y muchos otros milagros. Especialmente cuando estos fueron frente a multitudes que se convirtieron en testigos oculares y fidedignos. En adición, cuando leemos el juicio en el Sanedrín, frente a Poncio Pilatos bajo ninguna circunstancia se mencionan como falsos o se cuestionan los milagros perpetuados por Jesús. El testimonio de la iglesia primitiva es uno basado en lo que vieron y experimentaron aquellos varones de Dios, escogidos para caminar por fe.

De qué fe hablamos

Si vamos a seguir el modelo de Jesús no podemos dejar afuera la demanda de su fe y cómo incorporarla al diario vivir del creyente. No es una fe religiosa o que produce un fanatismo irreal y sin base o fundamento bíblico. No es una fe inconstante o para ciertas ocasiones específicas. No es una fe que impide el racionalizar y estudiar. No es una fe insularista o elitista. No es una fe, que ciega y cierra el espíritu humano al cambio y la transformación. No es una fe que crea codependencias, parásitos o zombis. *La fe de Jesús trasciende los modelos del mundo y de sus tradiciones religiosas, y nos hace ver la vida como Dios la ve. Es una fe fundada sobre la confianza y creencia de un Dios que no falla y nunca llega tarde.*

Es una fe que rompe con las tradiciones enajenantes y marginadoras del espíritu. Es una fe inclusiva, para hombres y también para mujeres, para niños y niñas, jóvenes y ancianos. Es una fe que no se somete a clases sociales o poderes culturales. Es una fe que transforma la vida e invita al Espíritu Santo a dirigir, enseñar, redargüir, restablecer, renovar y santificar. La fe en Jesús demanda que sus seguidores la posean y sepan usarla, no para pedir bienes materiales o prosperidades pueriles.

La fe en Jesús es para usarse como espada, para vencer sobre el mal y junto a toda la armadura de Dios batallar las luchas que comienzan bien adentro de nuestro ser.

Asumir esta fe es una decisión firme, que puede cambiar todo tu estilo de vida y redirigir tu existencia para ser parte de un movimiento revolucionario del espíritu, de un esfuerzo para hacer la voluntad de Dios y de un plan de salvación que es colectivo y sin preferencias étnicas y culturales. ¡El reto de la espiritualidad es seguir y vivir el modelo de Jesús! Pero no es fácil, especialmente cuando en este mundo contemporáneo nos hemos fragmentado tanto, no tan solo en cuanto a la espiritualidad, sino que también en cómo aplicar la misma a nuestras vidas.

Jesús nos enseña que si nuestra fe es como un grano de mostaza, podremos remover los montes. Nuestra fe tiene que volver a encender la pasión por Jesús y su mensaje, tiene que causar una implosión espiritual que quebrante los prejuicios y complejidades y que rompa con esquemas disfuncionales. No podemos seguir dejando que la religiosidad dirija nuestros pasos.

Tenemos que volver a rescatar y descubrir en el modelo de Jesús una fuente de vida que fomente una espiritualidad sana, íntegra y renovada. *En el modelo de Jesús, descubrimos la esencia del Espíritu conectada a una fe que hizo la diferencia entre los mesías que lo habían precedido y muchos otros que se han levantado, reclamando poderes sobrenaturales y promesas que nunca se cumplieron.*

Marcus Borg: el aspecto divino de Jesús

El Dr. Marcus Borq (2009) se ha interesado en el aspecto divino de Jesús, ¿cómo Jesús llegó a convertirse en el hijo de Dios? Para él, la iglesia neo-testamentaria tuvo la misión de reinterpretar la figura de Jesús desde su muerte y resurrección. La pregunta básica de Borg es ¿qué significa la muerte y resurrección de Jesús para la nueva iglesia?, entendiendo que al principio la iglesia estaba compuesta por gentiles y judíos, y que había serias discrepancias y diferencias en cómo interpretar a Jesús y su mensaje. Por ejemplo, cuando analizamos los escritos del apóstol Pablo, encontramos a un Jesús universal, categorización lógica si consideramos que para Pablo los gentiles eran los nuevos integrantes del plan de salvación.

Borg (2009) en su tesis sobre el Jesús histórico, plantea la necesidad de estudiar el fenómeno espiritual de la persona de Jesús. Esta espiritualidad está fundada y arraigada en el judaísmo. En esto concuerda con el Dr. Aslan, pues ambos hacen referencia al movimiento conocido en los tiempos de Jesús como ˝carisma judío˝. No sé porque pensamos que el *carisma del Espíritu* es un asunto nuevo y de nuestros tiempos. Desde los tiempos del Antiguo Testamento el carisma del Espíritu Santo era una realidad y una experiencia viva, no tan solo en la escuela de los profetas sino en la vida de muchos héroes de la fe comisionados a realizar la liberación del pueblo de Israel. Lógicamente cuando hablamos de ''carisma judío'' no estamos hablando de las interpretaciones y modelos del carisma del siglo presente.

El carisma judío estaba muy ligado a la escuela de profetas de antaño cuya misión era proclamar la voluntad de Dios y revelar su majestuosidad. El carisma judío representaba un serio problema para la alta jerarquía religiosa, pues esta quiso someterle a sus leyes y doctrinas. ¿Les suena parecido? De hecho, hay una corriente de pensamiento que cree que Juan el Bautista tuvo ciertas experiencias desde el carisma del Espíritu por su vida ermitaña. Además, la concepción del carisma en el Antiguo Testamento está ligado a los patriarcas y la misión asignada a ellos. Cuando esta misión terminaba, el Espíritu regresaba al Padre.

Borg quiere explicar la figura de Jesús desde tal carisma y cómo Jesús hacía los milagros, o cómo la iglesia primitiva interpretaba tales acontecimientos. Jesús era y es el Señor del carisma.

Me encanta cuando dice, en el templo, en Lucas 4:18: El Espíritu de Dios está sobre mí. En Lucas 3:22 dice: *El Espíritu de Dios descendió sobre él en forma de paloma.´Lucas 9:29* dice: *Y mientras oraba la apariencia de su rostro se hizo otra.´*Mateo 4:11 dice: *Luego el Espíritu lo condujo al desierto para ser tentado por el diablo.´ Juan 16:14-15* dice: *El me glorificará; porque tomará de lo mío, y os lo hará saber. Todo lo que tiene el Padre es mío; por eso dije que tomará de lo mío, y os lo hará saber.* Es evidente que no podemos separar la presencia del Espíritu Santo de la persona de Jesús, de hecho, el Espíritu revela a Jesús. ¡Jesús es carismático!

Para mí es irrelevante si ese carisma revela a un Jesús histórico o delinea explicaciones sobre su poder milagroso, porque si el Jesús histórico tiene poder o no para perpetuar milagros esto en nada minimiza su realidad y presencia entre nosotros. No creo que validar la persona de Jesús desde algún movimiento religioso sea suficiente para determinar tal postulado. Si es que se quiere hacer una correlación entre cómo la iglesia primitiva interpretó los milagros carismáticos de Jesús y cómo estos fomentaron la creencia de Jesús como el hijo de Dios, entonces estamos ante un gran reto, porque se concluye que la divinidad de Jesús fue un asunto causal, consecuencia de la interpretación de la iglesia primitiva y de su visión de la obra de Jesús.

No podemos olvidar que la iglesia primitiva, a quien Borg en cierta manera hace responsable la denominación de 'Jesús divino", más adelante es la misma iglesia que pone en praxis su creencia y afirmación de fe. ¿Cómo lo sabemos? Por los mártires que dieron su vida creyendo no en un simple judío identificado con su pueblo y miembro del carisma judío, sino por un Jesús que es el hijo de Dios y que prometió a sus creyentes que a donde él iba haría lugar para ellos.

Durante la persecución el emperador romano Vespasiano caracterizó la presencia de los militantes cristianos como ''el Problema Judío." La iglesia primitiva fue perseguida, torturada y asesinada por confesar a Jesús como su Señor y Salvador. Diga usted mi amado hermano(a), ¿estará alguien dispuesto a morir por una mentira, y menos aún, por un político más?

Por lo tanto, Borg (2009) con su análisis abre la puerta al reto de la espiritualidad y al modelo de Jesús. Tenemos que contestar la pregunta básica y esencial: ¿qué vamos hacer con el Espíritu Santo? Esta persona de la divina trinidad no puede ser ignorada por la iglesia, los creyentes y menos por el mundo. El Espíritu no existe para encajonarlo, sancionarlo, negarlo, controlarlo, ridiculizarlo, o mercadearlo, y menos aún, olvidarlo. El Espíritu Santo, el viento recio de pentecostés, llegó para la iglesia en los tiempos de los apóstoles, pero también para la iglesia del siglo presente. Nótese que el Espíritu Santo puede ser un silbo apacible o un viento recio en tu iglesia y en tu vida, pero debe tener su lugar, porque donde no cabe el Espíritu, tampoco cabe Jesús. Estamos llamados a experimentar y entregarnos a la obra del Espíritu. Tenemos que creerle a Jesús cuando revela que era necesaria su partida para que viniera el otro consolador.

El modelo de Jesús demanda una espiritualidad desde la base del Espíritu Santo. Ser carismáticos no es el sello de una sola iglesia que se somete a formatos y formas para recibirle. El Espíritu Santo llega cuando él quiere y como él quiere. Reparte dones a su discreción y edifica a los santos para cumplir con la misión de salvar almas, incluyendo la tuya. La iglesia de hoy tiene que abrir sus puertas y dejar que el Espíritu tome control.

Una vieja historia narra que el Rev. Jackson – un pastor afroamericano- se encontraba sentado en los escalones de entrada en una iglesia del Sur de Estados Unidos. El Espíritu Santo lo vio y le preguntó: ¿"Por qué lloras?" El Rev. Jackson, le contestó: "Porque no me dejan entrar". Entonces, el Espíritu Santo le contestó: ´´ ¡No te preocupes, pues a mí tampoco me dejan entrar!"

No podemos tener un cristianismo sin el sabor, influencia, bautismo y dirección del Espíritu Santo. El cristianismo de hoy necesita una inyección que le revitalice y le ubique en la dirección pertinente hacia una vida espiritual saludable. Cuando las intenciones del hombre toman el control, el Espíritu se apaga. Cuando las iglesias están pendientes del tiempo de culminación, se presentan retos al Espíritu, cuando otras cosas son más importantes para el predicador, que la guianza del Espíritu, el púlpito se enfría.

¿No has notado cómo crecen las iglesias donde el Espíritu Santo reina y domina? ¿Serán emocionalismos colectivos? ¿Será por las griterías y brincos, por las manipulaciones en el nombre del Espíritu? ¿Será por el intercambio de la libertad cúltica por la liturgia metódica? ¿Será por la entrega y compromiso que se requiere para mantener el fuego ardiente del Espíritu Santo en la iglesia? Estas son preguntas que solo usted y su conciencia espiritual pueden contestar. No estamos invitando a los pastores(as) y sus miembros a adoptar una sola forma del mover del Espíritu Santo, al contrario, ya sea como el Espíritu se mueva en tu vida y en la iglesia, que se evidencie el fruto que acompaña esa bendición.

Es importante que la experiencia sea genuina – independientemente de emociones y tradiciones, pero genuina. Eso quiere decir que se vean los frutos del Espíritu y que el Espíritu Santo sea un reflejo de la palabra de Dios porque el Espíritu Santo no puede contradecir la palabra de Dios. Tenemos que atrevernos a sumergirnos en la voluntad del Espíritu de Dios para descubrir nuevas formas de ver y servirle a Dios.

Por eso, Borg entiende que no puede existir el cristianismo sin una base espiritual. Para él la espiritualidad es un acto humano que se relaciona con prácticas como la meditación, la oración, las lecturas de contenido espiritual y la participación de los sacramentos, como la Santa Cena. *Pero en el modelo de Jesús y habiendo relacionado el Espíritu Santo con Jesús, es importante la dimensión interpersonal y relacional. Es decir, cómo nos entendemos con los otros, cómo nos relacionamos con los demás. Borg nos dice: "La espiritualidad cristiana envuelve toda la persona".*

En el modelo de Jesús, tenemos que ser gente de fe, una fe inconmovible, con una muestra del Espíritu Santo y su carisma para sentir la novedad de vida y recibir poder para sazonarla con la

Gracia efectiva del Jesús que transforma al creyente y a la iglesia. A la misma vez, abrir nuestro entendimiento renovado, incursionar espiritualmente por la senda del Espíritu y sus bendiciones para que de este modo Él te lleve a lugares donde nunca pensabas estar y hacer cosas nunca imaginables. El producto de tal ecuación espiritual se puede definir como el Shalom de Dios, la paz que representa y se fundamenta desde una vida balanceada con salud integral, emocional y física.

Hasta ahora el modelo de Jesús en nuestro reto de la espiritualidad se ha consignado a las Sagradas escrituras, pues el planteamiento de la alta crítica es que no hay evidencia histórica para delinear y representar la figura de Jesús. Si este planteamiento crítico es cierto, entonces tenemos que olvidarnos de Jesús como modelo para nuestra espiritualidad porque Jesús sería solo una recolección de las experiencias de unos pescadores que luego formaron una iglesia y después se cristalizó por las intenciones de hombre poderosos que querían controlar a sus súbditos, invalidando todo elemento presentado aquí. Uno de los grandes teólogos contemporáneos, Blomberg (2007), cuestiona este planteamiento con un análisis refrescante desde la base de los sinópticos.

Blomberg: el testimonio de los evangelios sinópticos

lomberg (2007) entiende que los evangelios de Mateo, Marcos, Lucas y Juan se pueden considerar como base teológica histórica. En primer lugar, el testimonio de los que presenciaron el vía crucis hasta el Gólgota es esencial en tiempo y espacio. Los evangelios se escribieron en el primer siglo de la muerte y resurrección de Jesús. El evangelio de Marcos se escribió aproximadamente a 50 años de la muerte de Jesús. Todavía quedaban testigos de lo sucedido en el Gólgota. Recuerden que las tradiciones orales en los tiempos de Jesús, no se pueden comparar con el estilo y la forma en que comunicamos hoy, oralmente, nuestras experiencias.

Antes, las tradiciones orales eran veraces y detalladas. Si aceptamos las crónicas y libros escritos sobre Alejandro Magno, redactados mil años después de su muerte; ¿por qué no aceptamos unas escritas a 50 años de la muerte de Jesús?

En segundo lugar, el testimonio de la iglesia es vital y real. Una iglesia que sufrió los ataques de varias corrientes ajenas y contrarias a la enseñanza sobre la muerte y resurrección de Jesús, como estaba descrita en los sinópticos, sobrevive en su misión y puede relatar con firmeza y consistencia histórica lo sucedido en el Gólgota y las manifestaciones y obras de Jesús. Esta iglesia también fue perseguida y martirizada, a merced de los emperadores romanos. Una iglesia dispuesta a morir por lo que cree, tiene una alta credibilidad. Finalmente, después de la muerte y resurrección de Jesús, hubo una proliferación de literatura sobre tales eventos.

De acuerdo con Blomberg, en la crónica de Flavio Josefo *Testimonium Flavianum* de su libro – *Antiguedades Judías* – este hace su informe a las autoridades romanas, después de la guerra de los judíos, sobre un hombre llamado Jesús que fue crucificado y muerto. Este hecho da una clave sustancial de la persona de Jesús. Hubo otras referencias de parte de Tácito, un historiador Romano en los tiempos de Jesús, quien lo menciona en su obra ''Anales.''

La vida de Jesús fue un testimonio claro y preciso que venía del Padre. El Antiguo Testamento profetizó su venida, durante su ministerio hizo obras y milagros, en todo tiempo mantuvo una postura ecuánime y serena, no dejó que las riquezas del mundo o la fama obstruyeran la obra de su Padre. Se puede creer en Jesús quien aún tiene poder para libertar al cautivo, sanar al quebrantado de corazón y dar vista al ciego.

El modelo de Jesús es válido para nuestro reto espiritual y creo que es tan esencial como el aire a la vida. Se puede creer en Jesús porque todavía es la respuesta a tus interrogantes, sigue siendo la llave que abre las bendiciones para tu vida, sigue siendo la luz que ilumina tus tinieblas, sigue siendo la esperanza para el cansado y abatido. ¡Claro que se puede creer en la espiritualidad de Jesús, porque amó y ama al pecador, dio pan al hambriento, vino a poner en orden la misión de la iglesia, a resucitar las muertos espirituales y porque siempre es un amigo fiel. Se puede creer en Jesús porque no hay otro nombre dado a los hombres en el cual podemos hallar la salvación. Se puede creer en Jesús porque sigue siendo la fuente sanadora.

Las escrituras lo mencionan como el lirio de los valles y la rosa de Sarón, él es el León de la tribu de Judá, como el verdadero pan que descendió del cielo, como la puerta y el que por él entrare este hallará pastos verdes y salvación. Él es la piedra angular, el príncipe de paz, Emmanuel, Dios con nosotros. Es el verbo de Dios, el alfa y la omega, principio y fin de todo. Pero, sobre todo, es la resurrección y la vida. ¡Aleluya! Se puede creer y su modelo es eficaz una vez te entregas y aceptas a este lindo salvador. Eso es lo que la alta crítica no entiende sobre la figura de Jesús, porque Él no es una teoría o filosofía de vida, ÉL ES LA VIDA. Solo chocando con la cruz se puede experimentar este Jesús bello y precioso.

Ehrman: Jesús, el hijo de Dios

Ehrman (2012) en su búsqueda del Jesús histórico exalta a un judío predicador de Galilea llamado Jesús. En su estudio profundiza en la expectativa judía sobre el mesías y su misión para salvar a Israel del tirano dictador romano. Pero su mensaje fue dirigido a la paz y la necesidad de los pobres. Su mensaje fue revelar al Padre y traer un renacimiento espiritual a un pueblo abatido por los abusos romanos y por la falta solidaria de una sinagoga y templo dedicadas a hacer dinero y a estar bien con "los de arriba". Para Ehrman, Jesús fue un reformador de tradiciones. Encuentro interesante que el Jesús de Ehrman está consciente de los abusos reflejados en el Templo y la pérdida de su misión en ser "casa de oración y puerta del cielo".

Muchos otros teólogos establecen la historicidad de Jesús desde parámetros similares. Mis preferidos son Habermas (2015), Crossan (2016) y Piñero (2018), todos ellos afirman la validez histórica de Jesús.

He discutido someramente algunos autores representativos de la búsqueda del Jesús histórico en adición al comentario de algunas referencias escriturales sobre Jesús, pero tenemos que culminar con la parte más importante y esa es la existencial, es decir, la que se experimenta en carne propia. La que implica que junto a nuestras preguntas y necesidades, tenemos que lanzarnos en la trinchera de la vivencia, donde la teoría se hace vida y donde lo que escuchamos se hace realidad.

El testimonio de los creyentes

La última referencia que da sentido a nuestro reclamo para abrazar el modelo de Jesús, es el testimonio de miles de creyentes que han experimentado al Jesús viviente en espíritu y verdad. Es la experiencia en vida, y por la vida cuando esta se enfrenta a la cruz y se encuentra con el Resucitado, con el dador de vida, y sobre todo con el que cambia todo nuestro ser. No se puede negar la realidad existencial de dicha experiencia que se fundamenta sobre el testimonio y cambio de vida de miles que estando perdidos encontraron al Rey de Reyes y Señor de Señores. Ya no son los estudios sobre un Jesús histórico, ni los relatos escriturales o la interpretación de la iglesia neo-testamentaria; se trata de la experiencia personal, real y llena de vida que miles de creyentes han experimentado y vivido hasta el final de sus días.

Mi experiencia personal:

de niño maltratado a predicador de la Palabra

Yo nací en la ciudad del Bronx en el 1958. Mis padres eran "niuyorricans", descendientes de padres puertorriqueños establecidos en Nueva York,desde los famosos tiempos de la inmigración de miles de puertorriqueños que para el 1933, buscando una mejor calidad de vida y bajo la promesa fantasiosa que en Nueva York llovía dinero para todos(as), abandonaron la Isla. Mi papá __ David Hernández __ y mi mamá __ Carmen Reyes __ se casaron bien jovencitos y de tal unión nacieron tres varones y una jovencita. Yo era el primogénito y mi hermana era la menor. Vivíamos en un barrio pobre en lo que llamamos – "Proyectos Comunitarios" en el Grand Concourse, del Bronx.

Desde temprana edad y como el mayor de mis hermanos, notaba las constantes discusiones entre mis padres, y los abusos de mi padre hacia mi mamá. Mi padre era un hombre de la calle y muy violento. Hasta que finalmente abandonó el hogar, dejando a mi madre y mis hermanos solos y sin ningún tipo de apoyo moral, espiritual o económico. Este abandono, obligó a mi madre (sin preparación académica ni apoyo familiar) a lanzarse a la calle para buscar el pan nuestro de cada día, de cualquier manera. Mi querida madre tuvo que sacrificarse para mantenernos, por lo menos con un bocado de pan, antes de acostarnos. Fue un tiempo bien difícil para todos, especialmente para mí querida madre. ¡Qué no hace una madre por sus hijos!

Tuvo que trabajar en las noches, y contrató a una señora para cuidarnos. Esta era una persona alcohólica, que tras la salida de mi mamá se embriagaba y se tornaba violenta. Nos castigaba verbal y físicamente casi todas las noches. Era una pesadilla verla entrar a nuestro apartamento con una sonrisa para luego ver su rostro de mujer ebria y abusadora. Siendo el mayor de mis hermanos y con solo nueve años recaía sobre mí la responsabilidad de defenderlos y cuidarlos. Nos encerrábamos en un cuarto y luchábamos para que no entrara con la correa o algún objeto en sus manos.

En varias ocasiones, le contaba a mi mamá lo sucedido, pero ella o no quería ver esta realidad o no nos creía, aun cuando le enseñábamos los golpes en la espalda, brazos y piernas. ¡Era un infierno!

Por tal motivo, casi a los 10 años no soporté más aquella agonía y decidí abandonar mi hogar y salir a vivir en las calles de Nueva York. A mí me dolió abandonar a mis hermanos y a mi hermana, dejándolos a merced de una persona enferma, pero yo no podía más. Desde entonces perdí contacto con ellos y lo más raro fue que nadie me vino a buscar, ni vi un esfuerzo para encontrarme en las calles de Nueva York. Fue como si yo no hubiera existido. A los seis meses de estar buscando sobrevivir por las calles, ya fuera robándome los pedidos de pizza, pidiendo dinero a los transeúntes o durmiendo en edificios abandonados, algo inesperado ocurrió. El sistema escolar de Nueva York, tenía un programa de retención en las escuelas, especialmente para los niños de las familias minoritarias.

Esto se implementaba por unos ''alguaciles,'' que rodeaban la comunidad, visitando hogares, haciendo encuestas y velando por la asistencia de los niños de la comunidad. Para mi sorpresa, fui atrapado por uno de esos alguaciles en horas escolares. Tras detenerme pe preguntó:'' ¿Dónde tú vives y por qué no estás en la escuela?''

Al verme llorar y con mi ropa maltrecha, me llevó al Departamento de la Familia del Bronx y desde ese entonces me convertí en propiedad del estado de Nueva York. Incesantemente, buscaron a mi familia; yo nunca confesé donde vivía. Tenía miedo de las consecuencias de mi acción y no quería regresar al abuso. Finalmente fui a parar a "Foster Homes", una organización en las que distintas familias recibían a niños como yo, y a las que el estado les pagaba por su cuido. En estos aprendí que muchas veces estos hogares son peores que el hogar del cual salimos.

Por mi rebeldía y violencia pasé por tres hogares de cuido. No me soportaban y no podían trabajar con mis peleas y desobediencias. Era un rebelde y estaba muy herido a tan corta edad. Durante este proceso, unos tíos aparecieron para reclamarme y así empecé una relación familiar.

Pasaba un tiempo en su casa (algunas veces en Puerto Rico y con mis primos) pero regresaba a los hogares de cuido porque tenía que completar el proceso de pertenecer bajo las reglamentaciones del estado de Nueva York. Lo interesante es que por medio de estos tíos encontraron mi familia. Mi mamá se había casado de nuevo y el hogar estaba restablecido. No obstante, mi mamá accedió a enviarme a Puerto Rico con mis tíos, que no tenían hijos y deseaban cuidarme y darme lo mejor.

Es así como llego a Puerto Rico a empezar una nueva vida con mis tíos doña Blanca González y don Ignacio Alice. Ellos fueron esos tíos a los que hasta el día de hoy les debo mi vida. Sus atenciones y cuidados fueron excepcionales, lo dieron todo y me amaban con todo el corazón. ¡Fueron instrumentos de Dios para sacarme de aquel infierno! Pero mi corazón estaba lejos de Dios, herido por las experiencias de mis padres y por los abusos nocturnos violentos de quien se suponía cuidara de mí como niño junto a mis hermanos. En adición, tenía muchas preguntas sobre por qué no estaba con mi mamá y mis hermanos. Tenía que aprender español. En aquel momento yo estaba rebelde por todo y con todos.

El proceso de trabajar conmigo no fue fácil para Blanca y Nacho (como cariñosamente les decía). En la escuela peleaba con todo el mundo, desconfiando de todo el que se me acercaba, herido por el sentimiento de abandono y con mucho enojo por lo que no entendía. Ya adolescente, me dejé crecer el cabello y mi vestimenta preferida era un mameluco con mis tenis – "Pro-Keds". ¡Me llamaban el Indio! Mi pesadilla más grande era, que no le encontraba sentido a la vida. ¿Qué significa venir al mundo para sufrir? ¿Por qué sucedió todo lo que pasó en mi hogar? ¿Qué les pasó a aquellos que debían cuidarme? ¡Qué difícil es vivir con preguntas sin respuestas!

Con el tiempo crecía la necesidad de entender y hallar contestación a estas preguntas. En adición, me hacían mucha falta mis hermanos y mi madre. Siempre me preguntaba qué estarían haciendo y dónde. Porque en medio de estos procesos perdí toda comunicación con mi familia en el Bronx. Yo amaba a Blanca y a

Nacho, y estaba muy agradecido por sus atenciones, pero sentía que me faltaba algo. En varias ocasiones, ya joven, viajé muchas veces a Nueva York para conectarme con ellos, pero nadie sabía de su paradero. Un gran sentimiento de frustración desolaba mi alma.

Un día llegó por casa, un amigo de Blanca y Nacho, FéliX Rivera. Félix se me acercó y me dijo: "El próximo domingo vas conmigo a mi iglesia". Mi primera reacción fue silenciosa. Esos silencios pasivos agresivos, esos silencios que retumban el alma, que marcan tu vida y sobre todo dicen mucho sin mover los labios. Lo miré y le dije: "No, gracias". Pero llegó ese próximo domingo, a mí se me había olvidado, pero Rivera, llegó con una fuerza que me impedía decirle que no. No obstante, en protesta silenciosa, me puse mi mameluco y mis famosos tenis, salí con Rivera para la iglesia y el culto dominical. Por el camino me platicaba de los muchos jóvenes que había en la iglesia y las amistades que podía tener.

Yo no le creía y pensaba que estaba tratando de darme un lavado de cerebro. La desconfianza y el dolor del abandono me poseían con fuertes garras, pero el vacío en mi corazón era evidente. Mi baja estima y la inseguridad eran mis acompañantes diarias y moderaban mis acciones y sentimientos. Es bueno señalar lo que todos sabemos; el efecto de un hogar roto y quebrantado por el divorcio y sus consecuencias es devastador, porque no tan solo se quebranta tu corazón también se rompe toda esperanza de seguir viviendo. Mi vida estaba vacía y sin posibilidades, así llegué yo a la iglesia, tenía 14 años. Pero algo increíble sucedió cuando llegué a la Iglesia Cristiana (Discípulos de Cristo) de la Calle Comerío, pastoreada por el Rev. Florentino Santana.

Encontramos un templo lleno. Había más de 800 personas presentes en el culto dominical y estaban cantando el himno congregacional ″El aposento alto, ″ cuyo coro dice: ″Dios manda tu gran poder, Dios manda tu gran poder, Dios manda tu gran poder a cada corazón". En el mismo instante en que entramos al templo, el Revdo. Florentino Santana les pidió a los congregantes que cantaran el coro y que alzaran pañuelos o papeles blancos. Ver más de 800 personas cantando el coro del himno y ondeando papeles o pañuelos blancos me impactó de tal manera que me torné al Sr. Rivera para decirle que me trajera el próximo domingo para ver qué otras cosas locas hacían en este lugar. ¡Jamás me imaginaría que desde ese domingo nunca volvería a dejar de ir a la iglesia!

Pasé dos años visitando la iglesia. Un domingo por la mañana, sentado atrás, en el mesanín, donde los jóvenes se ubicaban después de la escuela bíblica, llegó, como de costumbre, el momento de la predicación del pastor Santana. Aquel parecía ser un domingo habitual. Yo entraba y salía de la iglesia con un gozo que me duraba unos días. Sabía que había algo más, o por lo menos lo sentía así, pero no sabía que tenía que hacer para que ese gozo fuera permanente. El sermón de la mañana estuvo bien articulado, claro y preciso, como solo el pastor Santana lo hacía en aquellos tiempos. No obstante, algo raro pasó cuando empezó el llamado.

El corazón me empezó a latir rápidamente, como si estuviera experimentando taquicardia. Empecé a sentirme incómodo en mi asiento y miraba a mi alrededor, buscando la salida. Observaba a los demás jóvenes, a ver si estaban sintiendo lo mismo, pero todo parecía normal para ellos.

De repente, empiezo a escuchar un reclamo interno que me decía: "Hijo mío, si oyeres hoy mi voz, no endurezcas tu corazón, dame hoy tu corazón". El reclamo siguió creciendo y creciendo, hasta que miré a un joven sentado a mi lado y le pregunté: "¿Qué me pasa si no acepto a Jesús?" Él me miró y me respondió: "¡Pues te quedas!" Yo no entendí, que me quiso decir, o dónde era que me quedaba, pero yo quería estar seguro, yo quería estar con el que me estaba llamando. Seguro, firme y decidido por primera vez dije dentro de mí: "¡Hoy me entrego al Señor!" Yo no sabía que iba a pasar, o lo que necesitaba hacer, pero sabía que tenía que tomar una decisión. Yo quería cambiar mi dolor, mis cargas y mi vida pecaminosa por los caminos y la vida del Dios que me amaba incondicionalmente.

Me levanté y comencé a caminar hacia el altar y allí parado frente al pastor, me acompañaron dos personas más. Una dama que lloraba intensamente y gritaba con una agudeza y al otro lado un caballero bien serio, que salía con unos gritos sorpresivos que me asustaban por su intensidad. En ese momento, yo pensaba: "¿Tendré que gritar o hacer algo para que el Señor me oiga?" Pero allí, en el altar de Dios, incliné mi cabeza, abrí mi corazón y le dije al Señor: "Me entrego hoy a ti, toma mi vida si tiene algún valor para tu servicio y perdona todos mis pecados, me siento solo, abandonado, herido y sin el amor de nadie". Mis amados hermanos, desde entonces y 40 años después, puedo confesar que Dios es fiel, que nunca llega tarde, y que su amor es incondicional, su presencia es vida y no hay otro Dios como mi Dios. Toda la gloria y honra es para Él.

Desde entonces, en mi vida se iniciaron unos cambios inmediatos necesarios y otros en los que el Señor sigue trabajando. En el capítulo anterior narré cómo Dios me bautizó con su Santo Espíritu, haciendo de mi vida una de entrega total.

Con un alto sentido de responsabilidad a mis lectores, puedo decir para gloria y honra de Dios, que desde ese momento, básicamente me mudé para la iglesia. Ingresé a la agrupación - La Tamburina - un grupo de más de treinta jóvenes cantando alabanzas especiales por las iglesias. Además pertenecí a un grupo llamado - El Orfeón- hombres de Dios que cantaban para la gloria de Dios. Fui presidente de Evangelismo, de la Sociedad de jóvenes, y me inicié predicando la palabra de Dios desde los quince años en la iglesia local, y en las actividades de los jóvenes y por las iglesias. ¡Gloria a Dios siempre!

Luego Dios me llamó al pastorado. Fui pastor de la Iglesia Cristiana (Discípulos de Cristo) en Puerto Rico. Mi esposa y yo fundamos la iglesia Discípulos del Señorial, iniciamos la construcción del Colegio Discípulos de Cristo de Hato Tejas y desarrollamos las facilidades educativas de la iglesia Discípulos de Jagüeyes. En adición, fue un honor pastorear la Iglesia de San José de Manatí y de allí pasar a ser comisionado como Capellán de las Fuerzas Navales de los Estados Unidos por diez años y luego de finalizar mi servicio en las fuerzas armadas honorablemente, pasar a ser Obispo de la Iglesia de Dios en Estados Unidos. Actualmente soy Obispo Ordenado por la Iglesia de Dios Misión Board en Puerto Rico. ¡Dios ha sido glorioso, fiel y lleno de misericordia! A rasgos generales, he compartido algunos eventos y experiencias de mi vida, solo para destacar la fidelidad de Dios y su eterno respaldo.

El reto de la espiritualidad, desde la perspectiva del modelo de Jesús es real, único y a través de la historia ha sido probado con éxito y bendición. Se puede creer en Jesús, se puede abrazar su modelo porque no hay otro como Él. Sólo Jesús puede transformar tu vida, y darle sentido a tu espiritualidad. En él, encontrarás nuevos retos, nuevas aventuras, nuevas bendiciones. El testimonio de la iglesia primitiva, los mártires bajo la persecución romana, el testimonio de los apóstoles y la obra evangelística, el relato de los evangelios, pero sobre todo, el testimonio del Espíritu Santo revelan al Jesús vivo. Es clara evidencia en cada vida cuando esta se entrega para darle la gran oportunidad a Dios de transformarla. Esa es la mejor prueba de su modelo, que lo que no pueden hacer la ciencia, las leyes, las reglas, las filosofías, los métodos y las religiones: JESÚS LO PUEDE HACER. ¿Acepta hoy el reto de la espiritualidad?

CAPITULO 6
El reto de la espiritualidad: las recaídas

Y la vasija de barro que él hacía se echó a perder en su mano; y volvió y la hizo otra vasija, según le pareció mejor hacerla.

Jeremías 18:4

Con los años he aprendido que una vez que la mente se decide, el miedo disminuye.

Rosa Parks (1913-2005)

Estamos, paso a paso, trabajando un proceso de salud. Lamentablemente, el proceso no excluye momentos a los que llamamos "recaídas". Este ocurre cuando volvemos a caer en las garras del pasado doloroso, sea que se trate de pecado o de emociones tóxicas. Debemos trabajar con esta realidad, sin miedo, porque las recaídas son parte del proceso salutífero y de crecimiento en el plan de Dios. ¡Esa es la hermosa realidad!

El texto del alfarero y la formación de la vasija, no tienen que ver con el proceso inicial de la conversión. Este se refiere a reconstrucción o restablecimiento. Cuando la vasija se hace y se vuelve a quebrar, hay que hacerla de nuevo. Hay ocasiones en que la vasija se quiebra. Me refiero al texto famoso de Jeremías 18: *La señal del alfarero y el barro.*

En cierta ocasión Charles Swindoll dijo: ˝La vida es diez por ciento lo que me pasa y noventa por ciento cómo reacciono a ello˝. Una gran verdad que nos reta a reevaluar las experiencias vividas y a entender cómo nos han afectado.

Las ˝recaídas˝ son parte de nuestro peregrinaje en la vida, y sin ánimo de justificar errores o malas decisiones; sin querer dar la impresión de que existe "una licencia para pecar", lo cierto es que las recaídas llegan, y dejan su huella. Veamos esto detalladamente desde el contexto de los retos de la espiritualidad.

El parámetro bíblico nos muestra a muchos hombres y mujeres de Dios que tuvieron sus recaídas. Al trabajar con esta realidad no queremos justificarla, sino verla desde su efecto en la espiritualidad, y desde la perspectiva emocional. Queremos acercarnos a este evento como un proceso que puede encaminar a los que lo han experimentado hacia la salud y a un mayor autocuidado espiritual.

El caso de Pedro

Una de las recaídas más devastadora del espíritu humano, fue la que experimentó el apóstol Pedro. Durante la celebración de la Santa Cena, en presencia de Jesús y sus compañeros discípulos, la hiperactividad emocional vuelve a tomar lo mejor de él, al decir: ˝¿Ves estos, (refiriéndose a los discípulos en la mesa), estos te dejarán, pero yo no˝.

¿Les recuerda algo esta situación? ¿Les parece familiar? ¿Cuántas veces le decimos al Señor, "Te prometo que esto no va a volver a pasar?" Si vamos a estudiar los retos de la espiritualidad, por obligación ética y en alas de trabajar con la realidad que hoy nos acosa, tenemos que acercarnos al fenómeno de las recaídas espirituales. Este es un tema del que no se predica mucho o que no se trabaja efectivamente desde el seno de nuestras iglesias. Por ello tanta gente por medio del llamamiento al altar se reconcilian, constantemente. Notamos que la culpa y la ansiedad se apoderan de la persona y ven en la reconciliación una forma de aliviar sus recaídas. No tengo nada en contra de la obra del Espíritu Santo y su ministración en la reconciliación, pero creo fielmente que debemos atender más el asunto con formas de integración y salud para aumentar las posibilidades de quemar esas "ramas secas" de una vez y para siempre.

Todos sabemos que Pedro termina negando a Jesús, personalmente, no veo ninguna diferencia entre esta negación y la traición de Judas Iscariote.

Las recaídas son dolorosas

Pedro termina llorando amargamente, como citan las escrituras, porque sabía que no tan solo era una falta a su palabra, sino que se había separado de aquél a quien amaba y cuya obra milagrosa vio durante tres años. Y más aún, sintió el amor que renovó todo su ser. ¡Había traicionado todo lo que le había dado vida y a quien se la había dado!

Mis amados, las recaídas son dolorosas y devastadoras. En la playa, cuando los discípulos después de una pesca milagrosa, se dan cita con el Jesús resucitado, en esta " otra cena" (que es una segunda oportunidad) Jesús le hace el reclamo.

"Pedro me amas..." Por tres ocasiones viene el reclamo de Jesús, ya que tres veces este le había negado. "Señor tú sabes todas las cosas, tú sabes que te amo..." "Pues apacienta mis ovejas..." Las recaídas dejan una huella profunda de culpa y vergüenza que drena las emociones y el espíritu. No se puede adorar de todo corazón con esa marca en la vida. No se puede perseverar con esa taquicardia espiritual. No puedes sentirte amado con ese veneno de inseguridad y baja estima. Las recaídas dan a luz todas estas emociones tóxicas que limitan, enajenan y marginan todo intento de crecimiento espiritual. Quiero advertir que no estoy glorificando el poder de las recaídas y menos cerrando la puerta hacia la recuperación, porque el ejemplo del apóstol Pedro es claro, pero sí quiero destacar el efecto amargo que dejan las recaídas en la vida.

Por qué llegan las recaídas

El mayor peligro de las recaídas es que nos lanzan a las olas de la depresión. No vemos las recaídas en la gente sin idea del dolor y la disfuncionalidad. ¡No! Las vemos en aquellos que hacen el mayor esfuerzo para recuperarse, por salir de su prisión emocional o su adicción existencial. *Las recaídas llegan porque siempre está el reto de volver al dolor del pasado, porque estamos en el proceso de sanación, vienen porque la recaída es la tensión entre la lucha por la recuperación y el agarre del pecado, enfermedad emocional o falla existencial. Vienen porque fue sembrado por el dolor de un pasado marcado por las experiencias terribles en la vida.* Un hogar roto, un abuso sexual, la falta de amor, padres perfeccionistas, padres abusadores, el bullying, la muerte de seres queridos, sin tener un cierre al luto, las frustraciones, las metas no realizadas, y muchas otras experiencia, son los detonantes de las recaídas.

El caso de Tomás

Otro ejemplo clásico de recaída es la del apóstol Tomás el Dídimo, o sea, el gemelo. Imagínese a hermanos gemelos y símbolos de la duda. Por eso hay dudas que vienen al cuadrado, porque tienen un agarre profundo en nuestro centro emocional y espiritual, que hacen que resulte sumamente difícil sacarlas del sistema de vida. Encerrados en la habitación, asustados, nerviosos y confundidos los discípulos están tratando de entender el evento de la crucifixión y los relatos de la resurrección de su Señor. Tomás hace su confesión profunda: ´´Hasta que yo no vea las heridas en sus manos y costado, no creeré que ha resucitado". De repente, esos "de repente" que tiene Dios, se les aparece el Jesús resucitado y lo primero que hace sin perder tiempo es llamar a Tomás: "Ven Tomás pon tus dedos en mi costado y cree..." *Las recaídas toman vuelo en los aires de la duda.*

Me imagino a Tomás, el pobre discípulo que confesó lo que los demás estaban pensando y sintiendo. El Apóstol de la incredulidad, es confrontado con la realidad del evangelio. Sin fe es imposible agradar a Dios y bienaventurado el que sin ver, cree. Como estos hay muchos otros ejemplos de personajes bíblicos que tuvieron su recaída, por lo tanto, desde una perspectiva escritural, estas son parte de la historia de todo aquél que pone su mano en el arado y decide seguir al Señor de Señores. Las recaídas no deben agotar los recursos de la gracia de Dios y menos impedir que su obra se desarrolle. *Creo fielmente que tenemos que redimir tal acto*, y *ver en el mismo, posibilidades más que un determinismo fatal. Tenemos que ver procesos hacia la salud más que condenaciones infernales. Tenemos que ver en la recaída misma, el reto de la recuperación, más que el proceso de la marginación. Es decir, que las recaídas no son la última palabra de Dios*.

Es interesante que la carta de los Romanos, desde el capítulo 1 el apóstol Pablo habla sobre la conciencia cauterizada. Este estado emocional es más que una recaída porque es el producto de una mentalidad determinada a operar desde la negación y la ausencia de una recuperación.

Cuando el pecado se acepta como parte del diario vivir, cuando el pecado se convierte en parte operacional de tu comportamiento, cuando gusta y demanda más del alma humana, cuando te tiene atrapado y eres adicto a su fuerza y dominio, la conciencia termina entregada al poder de las tinieblas y las fuerzas del mal: cauteriza-da. No obstante, un alma en estado de recuperación que desea ser salva, encontrará las mismas fuerzas del mal acechando o hacien-do todo lo posible para sacarlo de la voluntad de aquél que sana y salva. En medio de tal proceso podrá caerse en el camino, pero su deseo está condicionado a la recuperación. Porque Dios nunca echa fuera aquellos que se acercan con espíritu humilde y sencillez de corazón.

Además, encontramos en el libro de Gálatas 5:17, otro aspecto interesante que abona a nuestra realidad espiritual. La palabra de Dios dice: "Porque el deseo de la carne es contra el Espíritu, y el del Espíritu es contra la carne; y estos se oponen entre sí, para que no hagáis lo que quisiereis". Todo creyente que ha decidido servirle al Señor y perseverar, debe entender que ha ingresado en el campo de la batalla espiritual,en el proceso de Dios llamado santificación. Es decir, que tenemos la encomienda espiritual de iniciar un proce-so de crecimiento espiritual que conlleva desintoxicarse del mundo y sus cosas e iniciar un camino que glorifica al Dios que da vida.

Por tal motivo, nuestro peregrinaje espiritual conlleva disfrutar de la vida abundante que ofrece nuestro salvador. Si decimos que estamos en Cristo no tenemos otra opción que abrazar y adoptar la novedad de vida. ¿Por qué? Porque no podemos seguir viviendo en nuestros pecados, y complejos, con iras o contiendas y menos arrastrando todo aquello que limita nuestro potencial y felicidad. El mismo Apóstol en Romanos 7, hace referencia de su lucha espiri-tual en contra la carne cuando le pide a Dios que le quite "un agui-jón". Pablo ya es Apóstol del Señor; es un creyente de experiencia que ha podido contentarse cualquiera sea su situación. Un siervo de Dios que ha fundado iglesias, reprendido demonios, y superado la crítica de sus enemigos.

Hablamos de un creyente probado, que ha tenido que luchar contra las huestes del mal. No obstante, pide a gritos el ser libe-rado de un continuo aguijón. Es interesante que el Apóstol utilice el concepto ''aguijón'' para explicar una condición que no tan solo es difícil, sino molestosa en su vida. La palabra aguijón se define como "órgano con punta con el que pican e inyectan veneno algunos insectos". También se refiere al estímulo que motiva a realizar algo. Aparentemente, Pablo tiene una lucha espiritual personal que amenaza su paz y estremece sus raíces como creyente y apóstol del Señor. Entonces que podemos decir: ¿No era el apóstol Pablo un siervo del Señor? ¿Qué implicaciones espirituales tiene aceptar al Señor?

La lucha personal del creyente: las barreras espirituales

*E*fesios 6:12 dice: 'Porque no tenemos lucha contra sangre y carne, sino contra principados, contra potestades, contra los gobernadores de las tinieblas de este siglo, contra huestes espirituales de maldad en las regiones celestes. Esta es la realidad de todo creyente que ha decidido seguir a Cristo, no obstante, hay otro reto mayor: la lucha personal de cada creyente. No tan solo luchamos en contra del mal que existe fuera de nosotros y que quiere reinar en este mundo. ¡También existe la lucha interior, porque la vida es compleja y llena de retos! El Doctor Teja(23) nos dice:

"Si a pesar de todas nuestras buenas intenciones no parece haber crecimiento, generalmente, es porque, consciente o inconsciente, hemos puesto barreras espirituales".

Esas barreras espirituales son obstáculos que se siembran en la vida y que trastornan nuestro crecimiento espiritual y emocional. El creyente tiene que entender la naturaleza de servirle al Señor y perseverar en sus caminos. No entiendo la corriente postmoderna espiritual basada en el "triunfalismo". Es decir, que el creyente es un súper hombre o una Mujer Maravilla, y no no puede experimentar recaídas en su vida espiritual. En el triunfalismo espiritual no podemos estar tristes, sentirnos solos, ser presas de la culpa, o estar agotados espiritual y emocionalmente. Quiero volver a recordarles que no estamos justificando ni dictando una ley para pecar o fallar, pero sí para demostrar que la vida está llena de batallas y que algunas veces ganamos, pero otras, perdemos.

En la vida no lo podemos saber todo, no podemos ganar todas las batallas, no existen invictos, no podemos decir "nunca he fallado", no podemos justificar malas decisiones, no podemos abrazar la negación de malas prácticas.

No podemos pararnos frente al Señor y orar como aquel fariseo que se justificaba y auto elogiaba mientras que el compañero a su lado, no podía ni levantar su cabeza y constantemente compungido le pedía perdón al Señor. Esa es nuestra realidad, y por ello somos salvos por ''Gracia, "para que nadie se gloríe". En nuestro reto espiritual, las recaídas son una realidad y parte de nuestro crecimiento espiritual porque es desde las cunetas de la perdición que el Señor se apiadó de nuestra vida y nos sacó con cuerdas de amor. No queremos volver a esas cunetas, pero algunas veces sufrimos los agravios de la vida.

A veces, gana el dragón

Muchos estarán pensando; ¿dónde está la fe?, ¿dónde están los recursos del creyente? ¿No somos más que vencedores? Preguntas sinceras que reclaman otra realidad en nuestro devenir cristiano, pero a su vez tenemos que analizar con perspectiva real y sobre todo con mucho amor y entendimiento. Porque Dios no está llamando a personas a convertirse en "robots", de la gracia y mucho menos en ''zombis" (muertos en vida) del camino.

En cierta ocasión visité a un gran amigo, capellán. Este tenía en la pared de su oficina el cuadro de un Caballero de la mesa redonda, con su armadura. Este había salido a la batalla. Su espada y lanza listos para el encuentro con el dragón. Lo interesante es que en el cuadro el Caballero regresa de la batalla con su armadura quebrada, sin la espada y sin la lanza, diciendo: ''A veces gana el dragón".

Esto es clave. En la realidad, en algunas ocasiones gana el dragón. Tenemos que romper la burbuja espiritual de nunca caer, nunca padecer, nunca fallar y menos en la de nunca tropezar. ¿Por qué? Porque cuando aceptamos nuestras fallas, abrimos la puerta de la recuperación. Porque Dios es Dios de segundas oportunidades y comprende que no somos perfectos. Porque la Gracia de Dios tiene que ser efectiva. Porque la tesis sobre la misión de Jesús es que vino a buscar y salvar lo que se había perdido. Porque la realidad es que el proceso de salvación, se vive de día en día.

No podemos pensar o afirmar que – "Si alguno está en Cristo, nueva criatura es, las cosas viejas pasaron, he aquí todas son hechas nuevas" - implica que desde el día en que yo me convertí, ya soy una persona perfecta. Me parece que el texto nos invita a entender que la salvación es un proceso hacia la perfección que se vive, se experimenta, se realiza y produce de día en día. No somos perfectos, pero vamos y estamos en el proceso, cuya perfección se logrará cuando estemos cara a cara ante el Maestro.

No queremos recaer y menos fallarle al Señor, pero la realidad es que somos de carne y hueso, iniciándonos en el proceso de la santificación. La encomienda del Espíritu de Dios es la de seguir ese camino, estar bajo el abrigo del Altísimo y servirle buscando esa presencia continua y fiel del Señor.

En la casa el Alfarero

En nuestro reto espiritual, podemos ver otra dimensión que redefine las recaídas en la vida. El capítulo 18 del libro de Jeremías descubre majestuosamente el carácter del Dios que comprende la complejidad de la vida y nos llama al crecimiento espiritual con fe y amor. El profeta Jeremías, llega a la casa del alfarero y allí recibe palabra de Dios. El contexto histórico del pasaje evidencia que el pueblo de Israel estaba en uno de sus momentos más críticos. Se había apoderado de ellos la infidelidad que produjo la idolatría. El libro presenta los últimos días de Judá. El rey Ezequías llevó a la bancarrota espiritual a Judá. El pueblo que representó a los fieles de Jehová, en el tiempo de Jeremías, recayó en la idolatría. Por esto estaba perdiendo su identidad como nación escogida por Dios. Jeremías, lucha contra las prácticas idolátricas, y ante los juicios de Dios, pierde ánimo y comienza a orar, a interceder por el pueblo. Mis amados, las caídas y recaídas conllevan un proceso emocional tóxico, dirigido por las corrientes de la carne. El pueblo que fue atalaya de la virtud espiritual, en aquel momento era escoria y vergüenza de lo que pudo ser.

Ante el reto doloroso de un pueblo que había recaído en la idolatría, vuelve a levantarse Dios como el Dios amoroso y perdonador. Donde no había esperanza esta surge como sol resplandeciente para todos. *La palabra de Dios llega al profeta y le encomienda ir a la casa del alfarero. Siempre me preguntaba: ¿a qué alfarero fue Jeremías? Parece pueril esta acción, pero no lo es desde la perspectiva de la reconciliación. No es en todo lugar que encuentras palabras de reconciliación. El proceso de levantarse por la misericordia de Dios tiene que darse en un sitio especial que provea las herramientas y el apoyo correcto de solidaridad y entendimiento.*

No podemos seguir levantando gente -en el nombre del Señor- con métodos negativos que no estimulan la recuperación. La crítica y confrontación tienen su lugar y hora, pero sobre todo, la misericordia y el amor de Dios deben ser las banderas a levantarse para honrar al ser humano caído, proveyendo espacio, comprensión y ánimo de vida. ¡Ustedes creen que cuando Dios creó al ser humano y le sopló hálito de vida, no sabía que algún día iba a caer en desobediencia y que sería expulsado del paraíso! Esa es la grandeza de Dios, su amor lo mueve siempre a la misericordia. No olviden que Él es fuego consumidor, pero también es un Dios de amor. ¿Cómo podemos predicar sobre la misericordia si no la practicamos? No mis amados, el Dios de la historia y que hace historia, siempre ha evidenciado su amor, aun para los que sufren recaídas.

¡La vasija se rompe en la casa del Alfarero!

J eremías llega a casa del alfarero, y empieza la profecía dramatizada entre el primero y el barro. Nótese que la personificación bíblica de estos elementos es como sigue: Dios es el Alfarero y el barro es el pueblo de Israel. La narración cuenta que durante el proceso de hacer la vasija de barro, esta se quiebra en sus manos. Un asunto sumamente significativo, la vasija se quiebra *en sus manos,* o sea, en las manos de Dios. ¿Cómo es posible? Yo entiendo que la vasija se quiebre en las manos del líder, o del pastor o de los concilios, pero nunca en las manos de Dios. A mí me enseñaron desde mis primeros pasos en la escuela bíblica que Dios nunca se equivoca, que Dios siempre tiene el perfecto plan. Solo Dios tiene el poder para hacer las cosas y hacerlas bien. ¿Cómo es posible que la vasija de barro se quiebre en sus manos? ¿Acaso Dios se equivoca también?

¡Cuántas veces estamos en la condición de la vasija en manos del alfarero! Sufrimos recaídas inexplicables que dejan perplejos a quienes nos aman y se cuestionan cómo tal acción fue posible. Cuántas veces sufrimos recaídas e iniciamos un tsunami de preguntas a Dios, sin ninguna contestación. Tenemos que alzar las manos y preguntarle a Dios, ¿por qué? Cuántas veces el alma en el suelo y el espíritu en el abismo del olvido, tratamos de encontrar respuestas a lo sucedido, cuando cada pensamiento es un ''aguijón'' que destruye el alma. Ser una vasija quebrada en las manos de Dios no es agradable, menos aún, " razonable". ¿Por qué Dios permitió esto? ¿Qué motivo tiene para permitir tal recaída? Porque cuando la vasija se quiebra en las manos de Dios surgen muchas preguntas sin contestaciones inmediatas.

La vasija se quebró en las manos del Alfarero. Entonces vuelve la grandeza de Dios que se refleja en su hijo Jesús y por la ministración del Espíritu Santo. Hay dos razones esenciales para el resquebrajamiento. ¡La primera, a veces la vasija **tiene** *que quebrarse! Hay cosas en la vida que no tienen lugar en el plan de Dios. No deseamos las*

recaídas, ni las pedimos, o anhelamos. Llegan para unos ocasional-
mente, para otros continuamente, pero es clara evidencia de que es-
tamos en la "rueda del Alfarero". ¿Significa esto que tenemos que re-
caer? De ninguna manera, pero porque la vida es compleja y tiene sus
altos y bajos, Dios ha provisto y usa el proceso de quebrantamiento
como parte del acto de crecimiento.

¡No resistir! ¡Quebrarse!

En el año 2000 en la ciudad de Las Vegas, Nevada, la iglesia Bautista me había invitado como predicador a compartir su aniversario. Tuve la oportunidad ante casa llena, de traerles por primera vez esta palabra sobre el Alfarero y el barro. Al terminar el culto se me acercó una pareja de ancianos, oriundos de Argentina. El caballero muy amable me dijo: ˝Me encantó su prédica, mi esposa y yo visitamos Las Vegas para celebrar nuestro 60 aniversario. Esta mañana le dije que habíamos hecho de todo, pero que algo nos faltaba por hacer. Y eso era visitar una iglesia. Al escuchar su mensaje entiendo que le faltó una cosa. La vasija se quiebra porque muchas veces se "RESISTE".

¡Qué gran realidad! La vasija se quiebra porque muchas veces se resiste, malogrando así toda posibilidad de crecimiento y recuperación. Dios en su misericordia sigue trabajando por nosotros y con nosotros, pero son nuestras complejidades las que interfieren y drenan las posibilidades de levantarnos. Nuestras resistencias emocionales son esos estorbos que minimizan nuestras posibilidades de salud integral. Dios te está llamando, te quiere usar, quiere bendecirte, quiere colocarte en la posición que será de bien para muchos incluyendo tu vida personal, la bendición que tanto estás esperando, las oraciones vertidas noche y día y sobre todo el ser ese creyente que tanto Dios desea y espera de ti, pero tenemos que dejar de la resistencia emocional y espiritual.

No obstante, otra posibilidad en el proceso del quebranto de la vasija en las manos del Alfarero es que muchas veces la vasija tiene que romperse. ¡Así como lo oyes! La codependencia, aquellos elementos que creemos indispensables para la vida, es lo que tal vez tiene que quebrarse en las manos del Alfarero. Una relación disfuncional que está haciéndole daño a tu desarrollo espiritual y a tus seres queridos, un trabajo que está terminando con tu salud, un interés que no conduce a buenos caminos, unas amistades que no convienen, unos pensamientos que perturban y desenfocan tu vida emocional, un estilo de vida que siembra y cosecha pecado, una desobediencia y la negación de esta, tener la oportunidad de hacer el bien y optar por el mal… Estos y muchos otros detonantes en tu vida necesitan llegar a un final y solo quebrantándote en las manos del Alfarero vas a ver gracia y gloria de Dios.

Por eso no me extraña, que la vasija se quebró en las manos del Alfarero, porque hay cosas que necesitan dejar de resistir y otras que tienen que quebrarse. Solo Dios en su infinita sabiduría y con el perfecto plan puede hacer de tu vida la vasija que glorifique su nombre y sea un instrumento útil en la viña del Señor. Usted se estará preguntando: Entonces, ¿cómo puede el Señor hacer su obra en mí? ¿Ya es demasiado tarde? No tengo ninguna oportunidad. Mi amado hermano(a) y amigo(a), para el Señor nunca es tarde. Por tal motivo, el verso bíblico que narra el quebrantamiento de la vasija a renglón seguido dice: ''Y cuando la vasija se quebró en sus manos, VOLVIO A HACER OTRA''.

¡Aleluya! El Alfarero "volvió hacer otra", es decir, que nuestro Dios al ver la vasija quebrarse, no se desesperó, ni se enojó y menos aún se cansó, sino que con la misma paz y el mismo amor, volvió hacerla. *El reto de la espiritualidad en las recaídas no es saber que todos tenemos esos momentos, sino que todos podemos levantarnos.*

En Cristo Jesús, hay oportunidad, Gracia y amor para volver a levantarnos, no por nuestros méritos, ni experiencias, ni posiciones, sino por su Gracia renovadora y salvadora. ¡Amén! Ahora nuestra vasija toda quebrada, rota y hecha en pedazos está en la disposición de rendirse en las manos del Alfarero para que así el Dios – Alfarero – te haga de nuevo. Es una forma de redefinir el concepto del sufrimiento, elemento esencial que nos hace recaer, pues aun en nuestro pesar, retos y dolores, la Gracia de Dios es poderosa para transformarnos y levantarnos.

No existe condición, estado o espacio que limite esa Gracia redentora. Ni las tinieblas pueden ocultarle, pues Dios es Señor de las tinieblas y de la luz. Él sigue siendo Dios, aun en el caos. Su presencia no la limita el factor tiempo ni tampoco el espacio sideral. El pecado no lo minimiza, ni lo aleja de nosotros, al contrario, mi Biblia dice; "donde abunda el pecado sobreabunda la Gracia de Dios". ¿Queremos pecar para que sobreabunde su Gracia? De ninguna manera, pero nada, ni nadie es más que Dios ni le impide hacer la obra que quiere hacer en tu vida. El Alfarero tiene sus manos sobre tu vida. Él conoce tus pensamientos, sabe tus intenciones, reconoce tus emociones y las experiencias que has tenido y tendrás. Dios conoce tu entrada y salida, en adición a todo lo que hay en tu mente y corazón. Él conoce el corazón de esta humanidad, no obstante, envió a su hijo unigénito para que todo aquel que en Él creyera fuera salvo.

La historia del barro y el Alfarero es única. Es la manifestación del Dios que demanda santidad, pero que a su vez se desborda en amor. Eres ese barro en sus manos, ¿qué está impidiendo que crezcas espiritualmente? Has reconocido que tu humanidad es frágil y llena de cosas bellas, pero también de heridas dolorosas; que necesitas ayuda para tu fragilidad. Estás invirtiendo esfuerzos para identificar tus ramas secas y las estás echando al fuego.

Tienes el modelo de Jesús como una buena base, reconociéndole como guía espiritual. Como resultado de estas decisiones, tu mente está en el proceso de una renovación integral. Reconoces la iglesia como centro de desarrollo espiritual. Reconoces que has tenido recaídas… Solo me resta decirte: ¡Bienvenido a los santos redimidos por Gracia y que día a día, buscan crecer y vivir en la paz del Dios de amor!

No te desesperes, ni caigas por el túnel de la ansiedad. Si has recaído, mi consejo es que medites. Reflexiona, pondera y analiza cuáles fueron las razones de tu caída. No para entrar en una autojustificación, sino para abrazar un arrepentimiento genuino, que pueda ser la llave que abre la maravillosa misericordia de Dios. Recuerden que la vida es un gran taller. Adquirimos experiencia cuando pasamos por ella con valor y fe. Solo los que se atreven a encarar sus limitaciones pueden alzarse con la victoria.

El escalador profesional de montañas Jim Smith emprendió la misión de escalar el Monte Everest y para ello formó un equipo profesional. Iniciaron la escalada del Everest, un verano, por la parte norte de la montaña. Desde que emprendieron el viaje, se suscitaron numerosos contratiempos. Tanques de oxígeno dañados, falta de equipo adicional. A mitad de jornada tuvieron que regresar. No obstante, hubo un segundo intento, esta vez por el lado sur, pero desafortunadamente, tuvieron que regresar cuando un miembro del equipo tuvo un accidente que casi le cuesta la vida. Ni corto ni perezoso, el equipo acordó intentarlo de nuevo, pero lamentablemente una avalancha le quitó la vida a la mitad de este.

En el servicio fúnebre celebrado en las orillas del Monte, desde la capilla del hotel, Jim Smith dijo: ˝Monte Everest, intentamos una, dos y hasta tres veces escalarte, pero te advierto que lo seguiremos intentando hasta cumplir nuestra misión. ¡Tú no puedes crecer, pero nosotros sí". Jim Smith escaló el Monte, junto con su equipo al siguiente año. He aquí una enseñanza de vida: uno nunca se rinde, se sigue hasta el final, porque la lucha hace la vida valiosa, porque los que se rinden son los verdaderos perdedores, porque el éxito no está en la conquista sino en el intento, porque los que vencen son los que se caen pero vuelven a levantarse, porque nuestro Dios sabe lo que es la cruz, pero al final hay una resurrección.

Levántate

¡NO TE RINDAS! Es la voz del Espíritu Santo para tu vida. Vuelve a levantarte por la Gracia del Dios que te ama y ha preparado bálsamo para sanar tu vida. Vuelve a levantarte por amor a aquellos que te necesitan y te aman. Vuelve a levantarte porque tu fracaso no es el último capítulo en tu vida. Vuelve a levantarte porque Dios no ha llamado a las personas a vivir en derrota. Vuelve a levantarte, porque somos más que vencedores en el nombre de aquél que dio su vida por ti.

Tenemos que desintoxicarnos de los mitos religiosos que hacen de las personas caídas gente non-grata. Si alguien sabe lo que es la Gracia del Dios perdonador son aquellos que al caerse, vuelven a levantarse arrepentidos y con ánimo de seguir en la palestra para no volver atrás.

Por eso, no es cualquier alfarero el que puede moldear tu vasija. No es cualquier grupo el que pueda darte apoyo solidario. No es cualquier momento el mejor para suplir el espacio para la recuperación. Tenemos que aprender a ser selectivos y críticos en el proceso de la recuperación. Por ello, la oración y búsqueda intensa de la presencia de Dios es la clave para conocer su voluntad. El proveerá la o las personas que estarán en la disposición de ser los instrumentos de la salud, te llevará al lugar apropiado y te llenará de su presencia cuando tu corazón esté enteramente dispuesto a recibir el toque de perdón y obra sanadora.

Las recaídas llegan y traen dolor y aflicción, lanzando tu alma al lodo cenagoso y al pozo de la desesperación. Depende de ti, querer levantarte. No depende de nadie más, aunque tengas todos los medios y ayudas disponibles, eres tú quien puedes decidir dar el primer paso hacia la recuperación integral. Ese es el reto de la espiritualidad dentro de las recaídas, pero solo tú y nadie más pueden iniciar ese proceso total de sanidad y desarrollo espiritual. No podemos echarle la culpa a la gente, menos a los familiares o a tu iglesia o pastor(a). Te toca a ti, dar ese paso. ¿Qué nos falta? Ahora iniciamos el proceso de ser capacitados para toda buena obra.

Nos resta entender y aceptar el reto de la espiritualidad que nos convida al trabajo ministerial de servicio y sacrificio. Misión que demanda una actitud y aptitud del creyente con entera disposición para servir en el nombre del Señor. Por otro lado, tenemos que ver y analizar las demandas contemporáneas de nuestra comunidad y de nuestra gente para responder a tales retos sin disminuir o diluir el mensaje de la cruz. Estamos llamados al servicio porque como dijo Jesús; ''Yo no he venido a ser servido sino a servir''. Por lo tanto, veamos el siguiente reto.

CAPITULO 7

El reto de la espiritualidad: respondiendo al llamado

Entonces Moisés respondió a Dios: ¿Quién soy yo para que vaya a Faraón, y saque de Egipto a los hijos de Israel?

Éxodo 3:11

No dejes apagar el entusiasmo, virtud tan valiosa como necesaria; trabaja, aspira, tiende siempre hacia la altura.

Rubén Darío (1867-1916)

En cierta ocasión un pastor quería motivar sus feligreses a que se comprometieran más con las actividades de la iglesia. Por dos meses estuvo predicando sobre lo que significa ser un miembro comprometido. Utilizando varios textos y narrativas, se esforzaba todos los domingos por la mañana en desarrollar esa conciencia en sus miembros. Ya en su último sermón, pudo notar que ese domingo estaba presente un hermano de la iglesia que hacía tiempo no asistía al culto dominical. A la salida del templo, como de costumbre, todos se despidieron del pastor estrechando su mano. El "miembro perdido" se acercó al pastor y le susurró al oído: "Pastor usted no me ha visto por la iglesia, porque yo pertenezco al servicio secreto de la iglesia".

¿Cuántos hermanos y hermanas pertenecen al servicio secreto de la iglesia? ¡No hay ningún servicio secreto en la iglesia! La iglesia necesita de gente comprometida a responder al llamado del Espíritu para el servicio de esta. No podemos seguir emulando ciertas prácticas que no aportan a su desarrollo. Es hora de hacernos una pregunta básica: ¿Por qué no crecemos? El reto de la espiritualidad en esta ocasión es que la salud integral espiritual termina afirmando y respondiendo con valor y fe, pero en adición con un alto sentido de compromiso para servir en el nombre del Señor.

No podemos caer en la arena movediza de soldados varados en las trincheras de la batalla espiritual sin producir ni dar por gracia lo que por gracia hemos recibido. Tenemos que poner en alto y desenmascarar los mitos y procesos eclesiales que coartan y drenan el crecimiento de la iglesia hoy. Me refiero a las costumbres o formas de "ser iglesia". Costumbres y prácticas que actúan en detrimento de la obra de Dios.

Cuando era pastor de una de las iglesias Cristianas (Discípulos de Cristo) en Estados Unidos, en plena reunión de la Junta de Oficiales, un miembro acentuaba que la iglesia "era un negocio". Sorprendido y pasmado ante tal visión (porque la iglesia no es un negocio) tuve que responderle: ''Si la iglesia es un negocio, entonces nosotros como iglesia estamos haciendo un trabajo pésimo, porque yo conozco otras organizaciones con menos recursos, menos gente y localizados en el peor lugar y están haciendo un trabajo excelente y mucho más efectivo comparado con el de nuestra iglesia".

Si queremos crecer, hemos de entender que no podemos seguir arrastrando en la iglesia de hoy, las malas costumbres y las viejas prácticas nocivas.

El "síndrome 20/80"

Antes de desarrollar el tema del reto de la espiritualidad en cuanto al llamado de Dios y nuestra respuesta, mencionaremos algunas de esas prácticas inefectivas en la iglesia de hoy. En primer lugar, el síndrome denominado ''20/80.'' Este se encuentra en casi todas las iglesias. Se refiere a una ecuación desbalanceada: del 100% de miembros en la iglesia, solo trabaja el 20% en los ministerios, programas y servicios. ¿Por qué? La lluvia de excusas no para. La más común resulta ser: "No tengo tiempo". Pero, lo interesante es que ese grupo tiene hijos(as) en la escuela, tiene sus empleos con múltiples responsabilidades, responde y asiste a las reuniones comunitarias y quieren dedicar tiempo a la diversión familiar. Para todas las actividades descritas hay "tiempo", pero la excusa número uno para no involucrarse en la iglesia, es " no tengo tiempo".

Lo triste de este gran mal es que pocos líderes tienen que cargar con muchas responsabilidades y al final terminan desgastados emocional y espiritualmente. El trabajo de la iglesia, en parte, está compuesto por voluntarios. El pastor(a) y su grupo administrativo en muchas iglesias reciben no una paga, sino una compensación monetaria para sostener el ministerio.Los demás miembros realizan trabajo voluntario. Como el cuerpo pastoral y el grupo administrativo de la iglesia, lo hacen por amor al Señor.

El síndrome 20/80 se desarrolla en las iglesias donde hay un control excesivo de parte de algún grupo o la visión de la iglesia no está clara y definida. En adición, el síndrome descrito se produce cuando surgen problemas en la iglesia porque la mayoría de sus miembros están agotados por las mismas dinámicas, perdiéndose el interés y la motivación en la participación. El pastor o la pastora, debe tener una visión clara, y la la vez el don para ubicar a la gente donde puedan ser más efectivos. La bendición es que pueden realizarse espiritualmente y definir claramente cuál es su rol como miembro que edifica la iglesia.

Una forma de vencer este síndrome es ofreciendo talleres y seminarios de entrenamiento y capacitación de líderes para que los miembros puedan descubrir sus talentos y capacidades dentro del cuerpo de Cristo. Añádase a esto días de oración y ayuno, pidiendo un avivamiento en la iglesia.

En mis 40 años como pastor, he descubierto que la iglesia no necesita un sinnúmero de programas y comités para hacer la obra de Dios. Muchas veces las iglesias con pocos miembros quieren imitar o adoptar estructuras eclesiales que no responden a su contexto administrativo. La densidad, profundidad y la cantidad de miembros facilitan el perpetuarse de muchas maneras. Pero las iglesias con pocos miembros pueden proyectarse en la comunidad y dentro de la iglesia de acuerdo con su realidad y potencial. Se puede alcanzar las almas con dos o tres comités. Estos son: Evangelismo, Acción Social y Actividades Especiales. El presupuesto, la adoración y membresía son comités que no requieren muchos miembros, siempre y cuando sea gente capaz, que saben lo que tienen que hacer. No quiero dar la impresión o una solución simplista, porque no es fácil de ninguna manera y hay muchas otras condiciones que abonan al síndrome del 20/80, pero una cosa es cierta: es hora de buscar dirección de Dios para erradicar tal síndrome.

Los grupos cerrados

Otro gran mal que está fosilizando a la iglesia de hoy es cuando la congregación se compone de grupos cerrados y con liderados vitalicios. Es la otra cara de la moneda o parte del síndrome 20/80. Los grupos cerrados se dan en aquellas iglesias que conscientemente o inconscientemente no crean espacio para la gente nueva que llega a la iglesia. ¡Hacen todo con su grupito! Llegan al culto de adoración juntos, salen almorzar en grupo, van a actividades sociales juntos y hasta celebran días especiales juntos. En el plano personal, la gente hace lo que quiera y comparten con los que deseen, pero cuando lo llevamos *al contexto de la iglesia, ya tenemos un reto espiritual porque la iglesia debe fomentar la capacidad de recibir a todos(as) los que llegan, sin acepción de personas.*

Cuando el pastor(a) es parte de un grupo específico en la iglesia, sin darse cuenta está eliminando la bendición de la integración grupal, donde todos somos hermanos(as) y no hay acepción de personas. Su ministerio se achica y pierde una de sus funciones, integrar a todos como familia. Por otro lado, cuando el ''grupito'' controla todo en la iglesia, entonces se agudiza y elimina las posibilidades para el crecimiento personal y eclesial. Cuando una persona llega nueva a la iglesia, con deseo de integrarse y sobre todo, de trabajar en la obra, el grupo cerrado evita consciente o inconscientemente su integración, y consecuentemente la persona termina apartándose. *Los grupos cerrados son una forma de arrestar y secuestrar el crecimiento de la iglesia.*

Este acto se perpetúa con puestos vitalicios en la posición de liderato. Las excusas son: '' Nadie quiere ser Presidente del comité,'' o ''Solo yo estoy capacitado para ser líder de tan importante comité. No podemos dejarle esta función a una persona neófita. Se nos pierde la iglesia.'' Como pastor reconozco la relevancia y trabajo de muchos miembros de la iglesia y su contribución espiritual con una buena mayordomía, pero llega un tiempo que hay que pasar el batón. Gracias a Dios por esos héroes de la fe, que en los tiempos difíciles en la iglesia dicen presente. Pero detrás viene otra generación que se merece la misma oportunidad de ser usados por Dios.

"El síndrome de la locura"

Otro gran mal en la iglesia de hoy es el **síndrome de la locura**. El genio Einstein dijo: "Me maravilla las personas que haciendo las mismas cosas todo el tiempo, esperan resultados diferentes". ¡Qué gran realidad! Una de mis recuerdos como pastor de la iglesia del Señor es la parte de la entrevista pastoral que ejecuta el comité de púlpito (comité que trabaja buscando pastores(as) para llenar la vacante pastoral). En esta los miembros se reúnen tras haber desarollado un perfil de la iglesia, que incluye todo lo que esta desea de su nuevo pastor(a). Es interesante, que durante la entrevista se trata de evitar contratar a un pastor(a) que cometió los errores del pastor(a) anterior. Además, los reclamos no tardan en demostrar preocupación sobre lo que está o no está funcionando en la iglesia.

Por ejemplo: "¡Queremos tener un grupo de jóvenes en la iglesia! ¡Queremos volver a tener una escuela bíblica! ¡Queremos que la gente participe de los estudios bíblicos! ¿Usted ora, ayuna, visita, y predica corto?"

La iglesia tiene todo el derecho en auscultar sobre estas y otras muchas cosas y necesidades. El reto es el siguiente: ¿cuán dispuestos están a pagar el sacrificio que conlleva todo ese esfuerzo? ¿Cuánto tiempo van a dedicar para ser líderes de la grey que apoyan al pastor(a)? ¿Estamos dispuestos a hacernos estas preguntas claves que van a iniciar la obra de Dios? ¿Cuál es la visión de la iglesia? ¿Hacia dónde queremos ir y qué tipo de iglesia queremos ser? ¿Estamos dispuestos a pagar el precio con una mayordomía descrita por la palabra de Dios? En otras palabras, ¡Alcen las manos los que están dispuestos a cambiar! Porque la forma en que se estaba haciendo iglesia evidentemente no era efectiva. Si lo ponen en duda, miremos las bancas vacías en las iglesias históricas.

Los cambios generan crisis

Esto me recuerda la anécdota de un pastor que le dijo a sus miembros desde el púlpito: "¿Cuántos quieren crecer?" Todos alzaron sus manos, pero inmediatamente el pastor preguntó: "¿Cuántos quieren cambiar?" Nadie alzó su mano. El cambio no es fácil y conlleva elementos de crisis.

Los cambios producen crisis, y esta conlleva sacrificios que al final dan fruto de prosperidad espiritual. Cuando estamos dispuestos a soltarlo todo, a aceptar nuestras ineficiencias, e invitar al Espíritu Santo a tomar las riendas, entonces las cosas empiezan a suceder para la gloria de Dios. Entregarnos completamente a la obra del Espíritu Santo, es como bajar las velas de nuestra embarcación y dejar que el viento del Espíritu nos lleve a puerto seguro. Solo prepárate para ir a lugares a los que tal vez no quieres ir y hacer cosas que nunca has hecho.

Tenemos que hacer las cosas en la voluntad de Dios, porque Dios nunca falla y quiere hacer milagros poderosos con tu ministerio. El mismo Jesús, llegó para cambiar el orden de las cosas. Sin abrogar la ley, cambió su sentido y el propósito del mensaje salvífico. Vino a servir y no a ser servido. La religión condenaba a la gente y los sacaba del templo, y Jesús los incorporaba al mismo con sus milagros y ministración. Definitivamente, tenemos que atrevernos a hacer cosas nuevas, sin rayar en lo ridículo o fuera del marco de las escrituras. Atrevernos a confiar en el Dios que nos manda a ser agentes de cambio en una sociedad diferente, pero con los mismos retos del alma. Weber (1922) en su planteamiento aún vigente sobre la sociología de la religión, nos presenta una verdad básica y sencilla: ''Cuando la persona recibe, participa y está en los procesos de decisión en cualquier administración, sus niveles de compromiso y atención aumentan considerablemente''.

Otro tiempo...

Tenemos que atrevernos hacer las cosas diferentes desde una plataforma que glorifique al Dios que nos respalda. Posiblemente ello implique que hay que delegar, involucrar y compartir el poder de tomar decisiones en conjunto. ¡Hay una sabiduría individual y otra colectiva! El reto está en usar las dos para una misma causa. Un elemento que amenaza los procesos de compromiso es una realidad evidente: nuestros tiempos no son como los del pasado. En "el domingo de antes", no había negocios abiertos. Hoy, los juegos de soccer, béisbol y volibol para los nenes los fines de semana son una religión. No tienes que ir a la iglesia, sino prender el televisor pantalla gigante con sonido estereofónico y verás los mejores evangelistas y cultos dominicales en la comodidad de la sala. Cuando llega la parte de dar la ofrenda o el diezmo, lo cambias de canal.

Los tiempos han cambiado. La Semana Santa se celebraba toda la semana y el Viernes Santo solo se podía comer pescado. ¡No se podía hacer ruido! Ya esa época pasó, y cualquier día especial no es día de iglesia, este se aprovecha para ir a la playa.

Tenemos que cambiar porque ya no se celebran cultos los domingos por la noche pues hay que trabajar al día siguiente. No puedo llegar tarde a mi trabajo pero a la iglesia sí. Los tiempos han cambiado. La definición y perspectiva de lo que ayer llamábamos iglesia, hoy es diferente. Hoy existe una proliferación en las formas de hacer y ser iglesia. Los pequeños grupos reunidos en sus casas, las células y las mega iglesias han cambiado todo. No estoy diciendo que tales mutaciones eclesiales sean malas, simplemente estos nuevos estilos nos deben llevar a reevaluar nuestra forma de hacer y ser iglesia.

Regresemos al principio básico de la libertad religiosa, y, sobre todo, a la libertad de voluntad: usted hace lo que quiere, cuando lo quiere hacer y como lo quiera hacer. No obstante, estamos hablando que el Dios que yo conozco, demanda tu corazón completo y con un alto sentido de compromiso, no una parte del mismo.

No hay otro privilegio y más grande bendición que vivir la vida en Cristo, y servirle. Para mí, ¡la vida tiene sentido cuando Jesús es el Señor de la misma! Hemos tratado de vivir a nuestra manera, con nuestros complejos y estilos de vida y solo podemos exclamar, "¿a dónde nos ha llevado esto?" Las filosofías que sustentan esa postura se articulan en declaraciones como estas: ''El que me la hace la paga". "Si me amas un 10%, yo te amo un 10%", y así sucesivamente. Vivimos en el pasado conforme a nuestros delitos y pecados. Nuestra realidad era que andábamos sin esperanza y sin fe. Llevados por todo tipo de corriente y filosofías. No obstante, un día glorioso el Señor se apiadó de nosotros y nos dio vida en abundancia, cambió nuestro lamento en gozo y puso nuestros pies sobre la roca. ¿Cómo no adorarle y bendecir su nombre? ¿Cómo no darle tiempo y dedicación? ¿Cómo esconder las verdades de su gloria? Tenemos que darle siempre lo mejor de nuestro tiempo, talento y tesoro, , así como Él lo hizo y seguirá haciendo con nosotros.

Las doctrinas y prácticas no bíblicas

Pero a estas faltas se añade otra que tiene que ver con las doctrinas que se salen del marco bíblico, que no tienen ningún fundamento en las escrituras y dejan poco que desear en nuestros cultos de adoración. Me refiero a prácticas que exigen comportamientos inapropiados de sus feligreses. Por ejemplo: ¿por qué apagar las luces en ciertos momentos durante la adoración? ¿Acaso, Dios no se mueve en la luz y claridad? ¿Por qué pedirle a la gente que diezme o dé su ofrenda usando manipulaciones? Hace poco vi a una evangelista decirles a los congregantes que "el dinero hablaba", en términos literales. La gente confundida y curiosa siguieron las instrucciones de la evangelista para que sacaran de su cartera un billete de $20.00 o más y lo pusieran cerca de su oído. Para luego pedirles que lo echaran en el plato de la ofrenda. ¡Pura manipulación!

Hay sanas doctrinas y sana teología, pero hemos llegado a un nivel extremo en el uso de manipulaciones. Recuerdo a un locutor cristiano que en su programa radial ofrece biblias de estudio con mapas, diccionarios y concordancias gratis. Para luego decir: "Es suya gratis, por una ofrenda de $60.00 dólares". ¡Por favor, hasta cuándo! Doctrinas de hombre que confunden a la gente. La palabra de Dios es clara, precisa y nos revela el plan de salvación en Cristo Jesús.

Los asuntos de Dios son serios y se enmarcan desde la vida espiritual de cada ser humano. Estamos fallando si no hacemos nuestro trabajo en orden, con mucha dedicación y en la voluntad de Dios. Es terrible ver grupos o religiones que tergiversan las escrituras, castigan a los inocentes, en especial a los miles que tienen sed de Dios y que honestamente quieren saber de Dios. En toda sana doctrina, Jesús es el Señor; la Palabra de Dios es inspirada por el Espíritu Santo y la adoración es para agradarle a Él y no a usted. Por esto hoy abundan los cristianos "brincando" de iglesia en iglesia, buscando "el pan caliente del evangelio" que sacia todo hambre y toda sed espiritual.

La iglesia del Señor

Todos los creyentes hoy estamos llamados a velar por la integridad y veracidad de la iglesia del Señor. Hay muchos males, pero hemos de entender que la iglesia del Señor está compuesta por personas, por seres humanos imperfectos que necesitamos la gracia de Dios para enfrentar nuestros días con valor y fe. La iglesia del Señor no es perfecta y está llena de seres humanos que llegan heridos, adoloridos, con sus corazones rotos, cansados del camino y sobre todo enfermos del alma y espíritu. Es la iglesia del Señor, la esposa del cordero de Dios, que se constituye como el hospital del espíritu y las emociones. La iglesia del Señor, casa de oración y puerta del cielo. Es la iglesia del Señor que yo amo, la que he pastoreado por cuarenta años. ¡Cuánto me apena ver los problemas que enfrenta hoy!

No sería profeta de esperanza y no la criticaría si no creyere que vendrán días de redención, renovación y salvación. Aquel día, cuando el mismo Señor con voz de arcángel y con trompeta de Dios, levante su iglesia para estar siempre con Él, en gloria. En lo que llega ese momento glorioso, tenemos que seguir respondiendo al llamado del Espíritu, porque el reto de la espiritualidad es responder en medio de toda esta gama de asuntos, con un alto sentido de compromiso y amor. Porque a quién enviará sino es a nosotros mismos. Esta realidad nos hace entonces ver uno de los llamado más intensos e increíbles presentados en las escrituras y que demanda una respuesta sincera. Me refiero al llamado de Moisés desde la zarza ardiente, la cual ardía, pero no se consumía.

Quita las sandalias...

Moisés es una figura bíblica relevante y esencial en el desarrollo de la historia del pueblo de Israel. Un patriarca que tipifica la trayectoria de los grandes héroes de la palabra de Dios. Un hombre con altibajos, luchas internas emocionales, cambios y transiciones en la vida y a quien independientemente de tal trayectoria, Dios le llama a su servicio. Porque es claro que Dios llama a hombres y mujeres para su servicio. Los llamados del Señor son únicos, excepcionales y muy personales. Todo ser humano tiene un llamado particular, y con una misión exclusiva. En el caso de Moisés el llamado se forjó desde su niñez, sacado de las aguas del río Nilo, puesto entre los nobles de la corte del Faraón de Egipto y atendido como príncipe, con todo su esplendor.

Es sumamente interesante cómo Moisés llega hasta el desierto. Es que el desierto es un lugar especial para aquellos que están llamados por Dios. Hay que pasar por el desierto para entender las dinámicas de la vida. Jesús fue llevado al desierto por el Espíritu Santo para ser tentado por Satanás. *El desierto tiene un misterio que al igual que el Getsemaní provoca que el corazón se entregue sin tapujos ni esquemas de negación. Moisés en el desierto tiene que aprender a humillarse. Nótese que lo primero que hace Dios desde la zarza es pedirle a Moisés que se quite las sandalias y se postre ante Él. Los que son llamados tienen que postrarse ante Dios, reconociendo su Señorío. No se puede tener ministerio sin primero aclarar quién es el jefe y Señor de tu vida. Además, quitarse las sandalias era símbolo de entrega.*

En el contexto bíblico, los esclavos no tenían derecho a poseer sandalias, tenían que estar descalzos. Pero quitarse las sandalias también era símbolo de que ahora era el tiempo de ir por otro camino. Porque el que es llamado de Dios, llega frente a la zarza por un camino, pero prosigue por otro: por el camino de la voluntad de Dios, por el camino de la ministración, y sobre todo, por el camino de la entrega y sacrificio, elemento esencial para los que toman en serio el llamado del Señor. Porque no es fácil ser "un servidor público" en el nombre de Dios; esta es una tarea que demanda toda atención, mérito y mucho sacrificio.

Moisés tuvo que arrodillarse frente a la zarza ardiente que no se consumía por el fuego, pero era el mismo Dios consumiendo toda la complejidad negativa que estaba en su corazón. El pasado y sus marcas necesitaban enfrentarse al Dios de la salud integral. Al Dios que llama tanto a hombres como a mujeres. Dios tiene orden y servicio para todos(as) las personas que han decidido poner sus manos sobre el arado. Por tal motivo, creo fielmente que muchos son los llamados y pocos los escogidos. No porque haya que poseer credenciales especiales o simplemente porque debamos tener ciertas cualidades. *El elemento esencial es un corazón dispuesto a servir con un alto sentido de compromiso.*

Muchas veces creemos que son necesarias ciertas destrezas para responder al llamado de Dios, y lo que Dios está buscando son hombres y mujeres que digan: '' ¡Heme aquí, Señor envíame a mí!" Esto es claro en el llamado de Dios a Moisés.

Un "currículo inadecuado"

Veamos el ''currículo vitae" del gran patriarca Moisés. Es abandonado por su madre, en ánimo de rescatarlo del edicto del Faraón que ordenó matar a todos los niños de Israel. Nacido en una cuna de brea y echado a la mar, no es un asunto que podemos pasar por alto, porque estas condiciones dejan huellas profundas.

No tener el apoyo familiar correspondiente, destruye la autoestima y sentido de seguridad. Moisés fue sacado de las aguas por la jerarquía egipcia y pasó a ser un niño adoptado.

Ser un niño adoptado siempre deja una huella que eventualmente se torna en curiosidad, porque reconociendo o no que se es adoptado, hay una gran necesidad de conocer la naturaleza de sus raíces y por ende su pasado. ¿Cuántas veces los niños(as) adoptados hacen lo que sea necesario para conocer sus verdaderos padres? Es que en el corazón de los niños(as) adoptados (as) hay muchas preguntas sin respuestas. Esas preguntas necesitan contestaciones para superar el reclamo existencial y llenar el hueco evidente ante la falta de muchas explicaciones. Desde esa experiencia - y creo que fue una de las chispas que le influyeron para que se identificara con el pueblo de Israel - Moisés se desarrolla desde la familia real del Faraón. En aquellos tiempos no todo el mundo podía asistir o ser parte del cortejo faraónico. La persona debía tener una preparación, altos conocimientos o una conexión familiar.

Moisés era una persona educada y atemperada a la cultura egipcia, una de las civilizaciones más avanzadas de su tiempo y que por miles de años fue un imperio robusto y productivo. De ese contexto emerge "el hermano Moisés", pero algo interesante ocurre en el devenir de su historia. Moisés comienza a experimentar cierta sensibilidad por los esclavos, especialmente por los israelitas. Había algo en su ser que se empezaba a inclinar por un pueblo abatido y castigado por cientos de años. Comenzó a surgir una resonancia espiritual y emocional con los hijos(as) de Israel. Tengo que hacer un alto aquí: los que son llamados deben poseer tal distinción. La persona llamada tiene que ser sensible para identificarse con el necesitado, el abusado, con los de abajo y los que necesitan ayuda.

Los ministerios deben tener este sentido de apoyo solidario ante el más frágil. Perder tal visión y sentimiento solidario es dejar perder la Gracia de Dios que conduce todo esfuerzo por la justicia y trabajo con los de abajo. No se puede hacer ministerio exclusivamente con los de arriba, con los que están en autoridad. Todos son dignos de la ministración del Dios de amor, pero son los necesitados, los marginados y enajenados por el dolor los que más necesitan de la gracia salvadora. Nuestro norte cuando respondemos al llamado de Dios es cumplir toda justicia y velar por el bien de todos.

Moisés se identificó con su pueblo, con su gente; con la base de su cultura y la raíz de su identidad. Es interesante que aún teniendo toda la comodidad de la corte egipcia, él esté dispuesto a cambiarlo por la vida de esclavo. Recordemos las palabras del apóstol Pablo cuando dijo a la iglesia: ''Pablo, esclavo de Jesucristo.'' Hay que estar identificado y entregado a la obra de Dios para proferir y vivir esas palabras tan comprometedoras y reveladoras de la gracia de Dios en el corazón de aquellos que han respondido al llamado de Dios completamente. De repente, llega un momento culminante en la vida de Moisés. Presenció cuando un egipcio torturaba a un israelita. Moisés se llena de furor; mata al egipcio, y ciertos Israelitas presenciaron el acto. Así como lo lee, ¡Moisés era un asesino! Sale huyendo de Egipto y llega hasta la tierra de Madián.

Nótese que Moisés consideraba hermano a los israelitas, y el asesinato del egipcio fue uno planificado. Las escrituras en Éxodo 2:11-15 nos relata muy claramente la historia. Inclusive, !escondió en la arena el cadáver! Al ser descubierto, tuvo miedo y salió huyendo hasta llegar a la tierra de Madián, "porque el Faraón buscaba matarle". ¡Una historia interesante para los que son llamados por el Señor! Desde una óptica humana: ¿consideraría usted llamar a Moisés y mandarlo a liberar al pueblo de Israel? De ninguna manera, de hecho, este Moisés sería la última persona que yo comisionaría para tal misión.

En el mundo de algunas denominaciones y religiones, Moisés ya estaría descartado y olvidado. No sería considerado ni para abrir y cerrar las puertas en la iglesia del Señor. Pero qué glorioso, porque quien llama es el Señor de los cielos, el que tiene el perfecto plan y sabe lo que hace. Porque todos los llamados por el Señor tienen que entender que cuando Dios llama, no te llama porque tienes las capacidades o destrezas necesarias, porque esto no depende de ti, DEPENDE DEL SEÑOR. Lógicamente, al responder al llamado tenemos que quitarnos las sandalias, porque iniciamos un nuevo caminar con nuevas proyecciones, disposiciones y crecimiento espiritual. No obstante, Moisés huye a la tierra de Madián para allí encontrarse con el Dios que le llama.

"Al cumplirse el tiempo..."

No importa donde estés, Dios tiene un llamado para ti. No importa qué edad tienes, Dios tiene un llamado para ti. La dinámica del llamado desde la zarza ardiente era que "había llegado el tiempo" al pueblo de Israel, al Faraón, a los egipcios, y también a Moisés. ¡Aceptar o rechazar su llamado! No hay distancias ni excusas que impidan responder al llamado de Dios. El reto de la espiritualidad es que hay que responder en la afirmativa, sabiendo que todo está en las manos de aquél que llama y apoya. Si la iglesia necesita ser transformada y ministrada con liberalidad y autoridad, se hace desde la intervención del Espíritu Santo a través de vidas que han respondido positivamente y entregado todo en las manos del Señor.

Es interesante que en el diálogo del llamado, Dios revela la misión a perpetuarse y cumplirse. Moisés, no trae su pasado como excusa, pero sí presenta un reto personal que él mismo reconoce como impedimento para cumplir tal misión. ¡Moisés era tartamudo! ¿Qué significa esto? Haciendo un estudio más crítico podemos ver otras avenidas de comprensión sobre la tartamudez del patriarca. Por ejemplo, es posible que lo que el pasaje quería decir, era que no dominaba la lengua israelita. Esto puede ser un elemento de preocupación, si su misión central era comunicarle al pueblo la voluntad de Dios. Voluntad que desde hace años los Israelitas no habían recibido, desarrollando ciertas dudas sobre el cuidado y promesas de Dios.

Encuentro interesante lo que el libro de los Hechos 7:21-22, nos dice: "Pero siendo expuesto a la muerte, la hija de Faraón le recogió y le crió como a hijo suyo. Y fue enseñado Moisés en toda la sabiduría de los egipcios; y era poderoso en sus palabras y obras". Encontramos una aparente contradicción, pero no es así, porque la educación del patriarca tenía como base la lengua y cultura egipcias. No había necesidad aprender la lengua de los esclavos para aquel entonces. No obstante, la referencia a la tartamudez de Moisés podría tener un principio lingüístico más que genético.

Otra condición muy relevante en cuanto a este reto de la tartamudez se vincula a la fobia de hablar en público. Posiblemente Moisés le tenía terror hablar en público. La sicología moderna reconoce el miedo a hablar en público como una fobia general. Hablar en público no es una actividad fácil para algunas personas. Esto no implica que la persona no puede organizar las ideas, ni los sentimientos. Es una cuestión personal y de carácter social. Las dinámicas grupales ejercen ciertas presiones para lograr excelencia en el campo de la oratoria. ¡No es fácil! Tal vez Moisés estaba pasando por al pánico de enfrentar un grupo que sabía que él era un asesino, que tenía una misión imposible: sacar al pueblo de Israel de Egipto y convencer al Faraón de que dejase ir a los Israelitas. ¡Se vuelve tartamudo cualquiera!

¿Cómo es posible que Dios me llame al ministerio o cualquier otro servicio? Yo no sé hablar, yo no sé predicar, yo no sé Biblia y muchas otras excusas. Pero mi querido hermano(a), por eso somos el barro en las manos del Alfarero. Solo tenemos que decidir aceptar su llamado porque Dios pondrá en orden todas las cosas y te capacitará para la obra que te está llamando hacer. Eso quiere decir, que nosotros los que respondemos tenemos la tarea de someternos, pero en adición, debemos prepararnos, organizarnos, planificar y acercarnos a los elementos que van a promover nuestro crecimiento espiritual/emocional. Nosotros hacemos nuestra parte y Dios hace la suya.

Déjame compartir una historia muy personal en mi peregrinaje como predicador de la palabra de Dios. Estando activo en la iglesia, empecé a sentir una fuerte inclinación por la predicación y los predicadores. El participar en diferentes grupos musicales me dio la oportunidad de visitar varias iglesias de diferentes denominaciones y escuchar a varios predicadores con diferentes estilos. Además, un gran hermano de la iglesia y este servidor decidimos tomar prestado el altoparlante de nuestro pastor (uno nuevo que usaba baterías), y salimos los dos a predicar por las tardes por las calles del vecindario de nuestra iglesia. Un día yo dirigía las cortas devociones y el hermano predicaba y al día siguiente el hermano dirigía las devociones y yo predicaba.

Cuando me tocaba predicar, mi mensaje era sencillo y simple: ''Hay que buscar del Señor.'' Eso era todo lo que yo decía, y lo repetía constantemente. De aquel tiempo hasta el día de hoy, mi pasión es la predicación de la palabra de Dios. Nada me llena y bendice como el poder vivir y predicar su palabra. Jamás me imaginaría el tener la bendición de Dios de poder visitar tantas iglesias y lugares en mi querida isla, así como fuera de la misma, para llevar las buenas nuevas del evangelio.

Por tal motivo, si Dios te está llamando, Él se encargará de dirigir tu vida por el camino de la capacitación y crecimiento espiritual. El mensaje es claro, Moisés no podía, y nosotros tampoco podemos, si no es con el apoyo fiel del Dios que nos llama y nos sostiene.

La misión era una de altas proporciones y retos, pero no imposible para el Dios todopoderoso. Dios no te va a pedir que cumplas con una misión para que fracases y termines, finalmente, abandonándola. Si te ha comisionado es porque Él ya te ha dado la victoria. Eso no quiere decir que en tu ministerio no vayas a encontrar contratiempos y retos, pero recuerda, Dios es fiel y nunca abandona a los suyos. Su palabra es la verdad y su presencia es bálsamo al corazón y alma. Moisés terminó aceptando la misión y respaldado por aquellos que podían ayudarlo, como lo fue Aarón. *Porque la misión no se cumple solo(a).*

La misión no se cumple en solitario

Necesitamos responder al reto de la espiritualidad entendiendo que esta se ejecuta en conjunto, con gente que Dios pone en el camino para ayudar y mejorar el ministerio. Estos son hermanos(as) que tienen experiencia desde las cosas pequeñas hasta las más relevantes. Gente de Dios que son un consuelo, que se puede ver el rostro de Jesús en sus sonrisas y oraciones. Gente que cuando todos se van ellos llegan, y son de edificación en la obra de Dios. Mi esposa y yo hemos sido bendecidos en pastorear la grey del Señor por más de cuarenta años. Durante todos estos nos hemos topado con gente santa. Hermanos(as), que todavía tienen un lugar especial en nuestros corazones. ¡Le damos gracias a Dios!

Para cerrar este reto de la espiritualidad, permíteme compartir algunos elementos que puedan ayudarte o reafirmar tus esfuerzos pastorales. Mayra y yo, por la Gracia de Dios, hemos fundado tres iglesias que en aquel tiempo constituyeron un reto casi imposible de lograr. En contra de toda corriente, vimos la mano de Dios y su eterno apoyo. Como mencioné anteriormente, una de ellas es la Iglesia Cristiana (Discípulos de Cristo) en el Señorial, en San Juan, Puerto Rico. También fundamos la Iglesia Hispana (Discípulos de Cristo) en Bellflower y Oceanside en California y recientemente la Iglesia Hispana United Church of Christ – Nueva Vida – en Grand Rapids, Michigan. ¡Grandes retos, muchas lágrimas, pero también gozo en ver la obra de Dios crecer!

Permíteme compartir algunas acciones que nos ayudaron a edificar, levantar y desarrollar la obra de Dios.

1. Entiende y cree que Dios te ha llamado para la tarea que tienes delante. Debes sentir la autoridad del Espíritu Santo para batallar en contra de todo lo que se te presente.

2. La creación de grupos de apoyo que representen distintas necesidades son una vía y puerta abierta para

que los participantes lleguen a la iglesia. Por ejemplo: las mujeres abusadas, las víctimas de violencia doméstica, las personas sin hogar, alcohólicos y adictos, entre muchos otros retos. En estos grupos permite que la gente comparta su experiencia. Más que predicarles, escúchalos.

3. Delega, delega y vuelva a delegar. No hay otra forma más efectiva que desarrolle un alto sentido de compromiso entre su gente que el arte de delegar.

4. La visitación es relevante y significativo. Estar con la gente en sus momentos de dolor, pero también en sus alegrías, produce gente de iglesia.

5. Utiliza los recursos que están en la comunidad. Por ejemplo, involúcrate con la escuela de tu vecindario. Conoce a la Principal, ofrece tiempo voluntario. Coordina actividades con los padres y maestros. Si la escuela tiene una banda (en el contexto de las escuelas en Estados Unidos), invítala a tocar en tu Iglesia. Celebra las graduaciones en el templo y ofrece un servicio de capellanía para todos(as). Otras organizaciones con las que te puedes relacionar son: el Departamento de la Familia, Servicios u Organizaciones de Consejería y Asociaciones Comunitarias. ¡Involúcrate con el pueblo! Presta servicio espiritual en todas las anteriores, pues son puentes que te conectan con la gente en necesidad.

6. La visitación a los hospitales es parte del ministerio, pero de vez en cuando, llega al azar, aunque no tengas hermanos(as) en el mismo. Ve a los centros de cuidado infantil y de niños. Muchas familias necesitan la oración y de una pastoral seria y responsable.

7. Dedica tiempo para tu salud espiritual y emocional. No puedes dar lo que no tienes. Evita el desgaste emocional y espiritual. Toma tiempo para "ir al monte a orar".

8. Revisa constantemente la preparación programática de la iglesia. La adoración de la iglesia es para Dios, pero necesita responder a la necesidad de los que adoran. Una autoevaluación entre los líderes y el pastor(a) es saludable para rescatar, modular o desarrollar una adoración pertinente e innovadora en el Espíritu.

9. La base de todo crecimiento eclesial (a través de los años) es la atención que se le da a los niños(as). Una buena programación y facilidades físicas para los niños(as) es clave para que los matrimonios jóvenes decidan quedarse en la iglesia. Si a los nenes les gusta, ahí se queda la familia. Los programas donde cada tres meses los niños y sus líderes están a cargo del servicio dominical son poderosos. Desarrollar el ministerio de marionetas, mímicas y otros son elementos claves que responden a la necesidad familiar. Así mismo con los jóvenes. Reúnete con ellos y pregúntales: ¿Qué podemos hacer para que la iglesia sea pertinente?

10. ¡Suelta el púlpito! De vez en cuando, delega la predicación a ciertos líderes de la iglesia. Notarás un cambio radical, porque la gente se concientiza de tus esfuerzos desde el púlpito y encuentran una avenida para expresar su teología. Luego reúnete con ellos para dialogar sobre sus presentaciones y lo que significan estas en sus vidas.

11. Capacita al pueblo de Dios. Trae recursos que puedan desarrollar nuevas perspectivas sobre liderato, mayordomía, cómo resolver conflictos y otros temas relevantes a nuestro contexto social y espiritual.

El reto de la espiritualidad es responder al llamado. ¿Qué vas hacer con el llamado de Dios en tu vida? ¡Dios te está llamando!

CAPÍTULO 8

El reto de la espiritualidad: Cumplimiento de la misión

He peleado la buena batalla, he acabado mi carrera, he guardado la fe.

2 Timoteo 4:7

"El más sabio fue, es y será aquél que ha descubierto lo que Dios desea de él y lo cumple en la vida con la mayor humildad posible.

María Vallego Nágera (1964)

asi llegando al final del camino en cuanto a la concientización de los retos de la espiritualidad, hacemos un esfuerzo para destacar la relevancia de ver un cumplimiento personal en la misión de la sanidad integral que se proyecta en la realización de mejores creyentes y en seguir descubriendo la multiforme Gracia de Jesús, el hijo de Dios.

Acerquémonos a la experiencia de Timoteo. Era importante para el joven pastor reconocer en su mentor, el apóstol Pablo, todo lo que implicaba ser fiel al cumplimiento de la misión, cumplirla a cabalidad. No tener miedo a confrontar las batallas es parte esencial de la misión. El apóstol Pablo llegó a entender esta realidad en el camino, y ahora le aconseja al joven Timoteo que siga sus pasos.

Cuando hablamos de batallas, puedo recordar muchas historias personales y bíblicas que demuestran los sacrificios y pesares de estas, pero por alguna razón, quiero compararlas con la batalla que nos narra Hemingway en su novela *El Viejo y el Mar*.

La historia describe a un anciano pescador que por meses, salía de pesca de madrugada. Esta actividad era su fuente de ingreso. Cada día regresaba desconsolado y abatido al no lograr la tan necesitada pesca. Desanimado, frustrado y abatido por el fracaso de la pesca, decide ir más lejos de la costa.

En altar mar lanza el anzuelo y al cabo de unas horas, un gran pez marlin, cae. Entonces comienza una lucha interminable de horas... Tras una batalla campal, que casi le cuesta la vida, el marlin se entrega. El anciano pescador amarra el gigante pez a la proa de su pequeña barca; estimaba haber pescado un pez de sobre 600 libras. Agotado, pero orgulloso, pensaba en cómo los demás pescadores iban a reaccionar al llegar a la ribera con un pez tan enorme. El anciano se imaginaba narrando la historia de su lucha y esfuerzo sobrehumano para pescar el marlin.

En cierta forma, el anciano admiraba aquel gran pez. Admiraba sus colores lila y plateado, su pico de más de cinco pies y las aletas brillosas, sin ningún defecto. Al terminar de amarrar el pez, dirigió su embarcación hacia la orilla. De repente, se hizo realidad su más grande temor: surgió de las profundidades del mar un tiburón tigre, uno de los más agresivos. El anciano pescador empezó a lamentarse por haberse alejado tanto de la costa, pero a la misma vez entendía que de no haberlo hecho, no hubiese tenido tal encuentro con su presa gigantesca. Sus temores se hicieron realidad, porque aparecían cada vez más tiburones que le daban fuertes mordiscos a su pez.

En ese instante comenzó otra lucha. El anciano defendía su presa de los mordiscos de los tiburones. En menos de una hora se habían agrupado más de 20 tiburones hambrientos. Pero el anciano nunca se rindió y siguió batallando, hasta el final. Llegó a la ribera de la playa con su embarcación maltrecha, su equipo de pesca quebrado, pero sobre todo, solo con el esqueleto de lo que fue su gran marlín. El anciano pescador se dirigió hacia su pequeño bohío, diciéndose: "¡Pero fue una gran batalla!"

¿Fuiste fiel?

Muchas veces eso es lo único que podemos afirmar en el cumplimiento de la misión: ¡Fue una gran batalla! Esta realidad nos lleva a comprender la naturaleza del cumplimiento de nuestra misión. La palabra de Dios nos presenta un cuadro similar, cuando estemos cara a cara ante el maestro, escucharemos sus palabras diciéndonos: "¡Ven buen siervo(a) fiel, en lo poco has sido fiel, sobre mucho te pondré, entra en el gozo de tu Señor!" (Mateo 25:23). Dios no preguntará: ¿Quién ganó? ¿Cuál es tu récord de victorias? ¿Cuántas veces rompiste el récord de éxitos? Al contrario, el énfasis es: ¿Fuiste fiel? Entonces, "¡Entra en el gozo de tu Señor".

Así como el anciano pescador dio la batalla hasta el final, así tenemos que enfrascarnos en nuestra batalla en contra de los incrédulos, los vencidos e infieles y hasta en contra de los mismos demonios, siendo fieles hasta el final.

No hay llamado ni misión fácil, sino pregúntenle a Moisés, Pablo, Gedeón. A los profetas mayores y menores, pero sobre todo a Jesús, el hijo de Dios. Batalla con lo poco o mucho que tengas. Cuando las fuerzas se acaban, cuando piensas que ya no puedes, cuando crees que todo se acabó, cuando no sientas la presencia de Dios y, más aún, cuando todo esté nublado frente a ti, hay que seguir dando la batalla, porque tenemos que cumplir con nuestra misión.

En la vida hay batallas que dejan sus huellas sobre nosotros, pero llegan para hacernos más fuertes, sabios y prudentes. Porque la bendición no radica en el premio, sino en los esfuerzos que conlleva "batallar". Esos esfuerzos pueden hacer de ti un soldado valiente, capacitado para toda buena obra. Por tal motivo, el apóstol Pablo aconsejando a su discípulo Timoteo, hace énfasis en lo primero y esencial de todo ministerio que se ha levantado para servirle al Señor y su gente: ¿estás dispuesto a dar la batalla? Si pusiste tus manos en el arado para abrir nuevos surcos y hacer la voluntad de Dios, ¿estás dispuesto a pagar el precio emocional y espiritual que conlleva dar la batalla?

El iniciar un ministerio implica afrontar las huestes del mal, los síndromes de los seres humanos, los retos de la espiritualidad personal, examinar la base de nuestras emociones y cumplir las demandas de tu denominación y familia, entre otras.

En el año 2012, inicié un estudio mixto cualitativo y cuantitativo como parte de mi tesis doctoral. El tema era "El desgaste pastoral hispano en la región sureste del estado de California".El objetivo era investigar y probar que los pastores(as) latinos, especialmente aquellos que llegaban de otros países y se establecían en Estados Unidos para iniciar un ministerio, incurrían en retos que los llevaban a la ''quemazón'' o ''desgaste emocional y espiritual''.

A través de un cuestionario interactivo, guardando toda confidencialidad y siguiendo las reglas establecidas para un estudio de esa naturaleza, pude contactar un sinnúmero de participantes pastores(as) que compartieron libremente sus experiencias ministeriales y los retos implicados en cuanto a lo que era y es ser pastor latino en Estados Unidos. Utilizamos el instrumento para medir el desgaste emocional del Dr. Maslow (2015).

Cuando se hace un estudio sobre el desgaste emocional hay que utilizar los componentes de las necesidades que cada ser humano tiene. Estas son, de acuerdo con Maslow (2015): necesidad de autorrealización, de estima, de sentirse amado y de pertenecer, de seguridad y necesidad sicológica.

Cuando estas no se llenan a cabalidad, ni se cumplen en el transcurso de la vida, la persona comienza a experimentar un desgaste emocional y espiritual, sin considerar las experiencias negativas que afectan y complican tales necesidades básicas.

Cuando los pastores experimentan dificultad en desarrollar y satisfacer estas necesidades se inicia un proceso enfermizo que deteriora las emociones. Yo pude descubrir que esos elementos tóxicos en el cuerpo pastoral latino en el sur de California se manifestaban en las siguientes conductas: un sarcasmo existencial, marcados niveles de frustración y decepción por la falta de realización de las expectativas en el trabajo. Por el peso de las variables anteriores, se desarrolló una depresión institucional, y consecuentemente, los niveles de compromiso se minimizaban hasta caer en la irresponsabilidad y la insensibilidad hacia quienes debían cuidar y hacia sus labores en general. Debemos explicar lo que hemos llamado "elementos tóxicos" en el cuerpo pastoral, antes de continuar.

El sarcasmo existencial

El sarcasmo existencial es la reacción emocional tóxica basada en altas concentraciones de enojo y ansiedad. Cuando el pastor latino no encuentra una metodología, proceso o sistema para ventilar estos sentimientos, o sufre desde su perspectiva injusticias o maltratos por aquellos que deben cuidarlo y apoyarlo, entonces la dimensión emocional personal raya en el sarcasmo. Es decir, en críticas, explosiones emocionales o comentarios morbosos que evidencian un dolor interno de heridas sin sanar. Cualquier experiencia es interpretada con sarcasmo, como un método de defensa o contraataque hacia todo aquel que represente una amenaza o que es parte de la persona o grupo que causa su dolor. Es un tipo de agresión verbal encubierta. Encubierta porque el comentario sarcástico es solo la punta del témpano de un dolor profundo.

El reto del sarcasmo es que drena o limita las comunicaciones efectivas como un remedio para resolver y eliminar esos sentimientos nocivos que quebrantan las buenas relaciones. Además, el sarcasmo puede ser un instrumento de intimidación o desprecio. La persona que experimenta un desgaste emocional por las heridas sufridas en el transcurso de su labor ministerial, termina recurriendo a ese lenguaje de desprecio o intimidación. El pastor necesita ser sanado para no seguir causando más heridas en su corazón y a aquellos que están a su cuidado pastoral. ¡Así no podemos cumplir la misión!

Las expectativas no realizadas

El segundo descubrimiento entre los pastores latinos de la región sureste de California fue que su desgaste emocional se debió a expectativas no realizadas. Expectativas no realizadas al no cumplir con las metas deseadas. Cuando no se cumple con ciertas expectativas antes de llegar al trabajo pastoral, el pastor latino desarrolla altos niveles de frustración y decepción. Por ejemplo, se escuchan comentarios como: ''Quise ser pastor, pero me he dado cuenta que esto no era lo que yo pensaba''. Otro tipo de comentario que raya en las expectativas no cumplidas es: "¿Por qué tenemos que hacer todo de esta manera?" "¿Por qué es difícil tratar con los cristianos?" "Esto no es para mí".

Estos comentarios expresan sentimientos de decepción y frustración ministerial. El pastor termina con un desgaste emocional que puede abrir la puerta a depresiones crónicas que inclusive pueden dar lugar a sentimientos de suicidios ministeriales físicos, así como emocionales y espirituales. En estos días estamos viendo un auge en los suicidios pastorales, causando un gran revuelo de confusiones y preguntas que no tienen contestaciones. *El reto de la espiritualidad es cumplir la misión, pero hasta qué nivel y estado. ¿Decimos que se puede obviar el cumplimiento de la misión pastoral? ¡De ninguna manera! Pero tenemos que abrir los ojos al auge de pastores(as) desgastados emocional y espiritualmente.*

La depresión institucional

La tercera razón del desgaste emocional es el desarrollo de una depresión institucional, hasta llegar al punto de perder la fe. "¿Verdaderamente Dios me llamó?" "¿Es esto lo que Dios quiere para mí?" Preguntas que drenan los esfuerzos ministeriales y llevan el pastor a desarrollar actitudes de apatía e insensibilidad hacia los demás y hacia él mismo. Cuando el pastor cae en las garras de la depresión institucional, comienza a alejarse de las actividades centrales y generales, apartándose asimismo de su congregación y del cuerpo general de la denominación. ¿Cómo se puede cumplir la misión aislándose de aquellas fuentes de apoyo del cuerpo pastoral y la misión en general?

Estas son las tres señales principales del desgaste emocional y espiritual. Porque existen tenemos que volver al camino de la salud integral. Cumplir la misión demanda una salud emocional y espiritual que depende de una relación con Dios íntegra y renovada.

Pero hay otras razones que se suman al desgaste emocional. Una de ellas es el dolor que la familia pastoral sufre. La esposa(o), los hijos(as) del pastor también son afectados de una forma profunda y devastadora por el desgaste emocional y sus consecuencias. Tenemos que abrir los ojos, tenemos que desarrollar una comprensión llena de misericordia y amor por el pastor y su familia.

A estas razones se une el ''shock cultural" que sufren los pastores latinos y sus familias que llegan a los Estados Unidos a ejercer un ministerio. El cambio cultural puede convertirse en una presión increíble que implica desde aprender un nuevo lenguaje hasta iniciar un estilo de vida totalmente distinto a su cultura e identidad. En adición, el desgaste emocional se alimenta de prejuicio en contra de las familias latinas y la estigmatización de los latinos en Estados Unidos. Estas y otras razones forman parte del desgaste emocional que se produce en los pastores latinos relocalizados en Estados Unidos y que llegan a levantar obras hispanas en las facilidades de congregaciones anglosajonas.

Algunos pensarán, "pero si Dios me llamó, Él se encargará de cuidarme y sanarme". Esto es una realidad, Dios nos ha llamado y su apoyo es interminable y seguro, pero es nuestra responsabilidad dar los pasos, implantar acciones y determinaciones que guarden nuestra salud integral. La mayordomía cristiana es la base de una disciplina integral que promueva un comportamiento que fomente la santidad y el desarrollo saludable de la espiritualidad y las emociones personales. Además, Dios nos ha capacitado con sabiduría para que esta sea nuestro norte y base para usar el juicio crítico, prudente e inteligente que tenemos como creyentes del Dios vivo.

Por tal motivo cumplir la misión es crear una conciencia que evite quemarnos o desgastarnos emocionalmente. La pregunta básica es: ¿Cuáles son los pasos para evitar el desgaste emocional? Te sugiero los siguientes:

1. Desarrolla una autodisciplina de salud espiritual. Tienes que sacar tiempo para la oración, el ayuno y la lectura de la Palabra, no desde una dinámica homilética o de estudio bíblico. Debe ser desde la perspectiva de aprovechamiento personal para cimentar y profundizar tu relación con Dios, Jesús y el Espíritu Santo.

2. Coordina tiempo para pastorear a tu familia inmediata. Si no puedes ser pastor en tu hogar no puedes ser pastor en la iglesia. Planificar tiempo para la familia equivale a momentos de entretenimiento sano, tiempo para escuchar a los hijos(as) y para atender a tu esposa(so).

3. Coordina sesiones de consejería. Busca ayuda profesional e incluye a tu pareja, por igual. Ten un mentor en la denominación que pueda escuchar tus preocupaciones y con quien tengas la plena confianza de compartir intimidades o asuntos personales.

4. Reconoce que las cosas que funcionaron en una iglesia necesariamente no funcionan en otra. En otras palabras, abre tu corazón a vivir en la dimensión del Espíritu Santo, deja que el mismo dirija y tome control de tus emociones y sentimientos.

5. Practica visitas al doctor y exámenes anuales físicos para seguir el progreso de tu salud integral.

6. Desarrolla un claro entendimiento de tus emociones. Estas no te controlan a ti. Tú tienes la capacidad para controlar las mismas y usarlas en beneficio de tu crecimiento emocional y espiritual. Especialmente el enojo, no es tu amo; tú puedes usar esa negatividad para ser creativo y regenerado con fuerzas y deseos de seguir luchando.

7. Haz un inventario de las cosas que debes evitar y otro de las cosas de las que debes alejarte, así como de las que debes hacer y mejorar, para que dicho esfuerzo se convierta en parte de tu oración y discusión profesional.

8. Crea un grupo de apoyo con otros pastores. Planifiquen desayunos juntos un día cada dos semanas, y cuando se reúnan no lo hagan para comentar sobre cuántas almas han salvado o cuántos miembros tiene su iglesia. Oren juntos y los unos por los otros. Te sugiero que la discusión del día comience completando esta oración: "Mi bendición de la semana fue_____".

9. Atrévete a tocar a la puerta de tu líder denominacional, tu supervisor inmediato o tu Obispo de Distrito para compartir lo que te preocupa o no te gusta. No te preocupes por las repercusiones, porque Dios ama al fiel y valeroso líder.

10. Ama a la iglesia y sus dinámicas. Si eres un pastor(a) de todo corazón y llamado por Dios, bienvenido al club. Por eso Dios te llamó.

11. Rodéate de personas que inspiren tu vida; escucha música que te llena de armonía espiritual. Establece lazos de amistad con aquellos que no buscan algo de ti, y con quienes puedas tener diálogos francos y honestos.

12. Ejercítate y practica algún deporte que no te cause mayores complicaciones físicas.

13. La máxima más importante en tu ministerio: ¡Aprende a decir que no!

Además, recomiendo a todas las denominaciones que tomen en serio la creación de programas de consejería pastoral desde una plataforma preventiva y remedial, tanto para el pastor como para su familia. La iglesia de hoy necesita poner mucha atención a la necesidad de desarrollar un sistema terapéutico para atender la triste realidad de pastores(as) al punto de un desgaste emocional o que, peor aún, ya estén desgastados. El apóstol Pablo dijo claramente: ''He peleado la batalla, he acabado la carrera, he guardado la fe.'' Por lo tanto, nos resta un largo camino por recorrer, todavía hay más bendición y sueños que cumplir y experimentar, Dios sigue esperando por ti. Estás llamado a cumplir la misión, pero sin desgastarte ni quemarte espiritual ni emocionalmente.

BIBLIOGRAFÍA

Alexander, Eben. (2016). *La Prueba del Cielo.* Editorial Zenith, Nashville.

Amen, Daniel. (2017). *Cambia tu Mente, Cambia tu Vida.* Editorial Sirio, Boston.

Aslan, Reza. (2013). Zealot: *The Life and Times of Jesus of Nazareth.* Penguin Random House publisher, London.

Aten, Jamie. (2008). *Spiritually Oriented Interventions for Counseling and Psychotherapy.* APA publications, Washington.

Ben Asher Jaim, Yohanan. (2019). *Neurociencia y el Gen de la Espiritualidad.* Editorial Círculo Rojo, España.

Blomberg, Craig. (2007). T*he Historical Reliability of the Gospels.* IVP Academic, Illinois.

Bridges, William. (2009). *Managing Transitions: Making the Most of Change.* Da Capo Lifelong Books.

Borg, Marcus. (2009). *Jesus a New Vision.* Harper Collins publisher, London.

Chávez, Ricardo. (2014). *El Libro de la Negación.* Ediciones el Naranjo, Méjico.

Colbert, Don. (2006). *Emociones que Matan.* Editorial Betania, Nashville.

Dominic, Crossan, Jhon. (2016). *El Jesús Histórico.* Editorial EMECE. Italia

Erickson, Erik. (1983). *Life Cycle Theory Completed.* Editorial Norton and Company. London.

Ehrman, Bart. (2012). *Did Jesus really Exist? The Historical Argument for Jesus of Nazareth.* Harper One Publisher, Illinois.

Habermas, Gary. (2015). *Evidencias a Favor del Jesús Histórico.* Editorial Vida.

Jeeves, Malcolm. (2013). *Minds, Brains, Souls and Gods: A Conversation on Faith, Psychology and Neuroscience.* IVP Academic, Illinois.

Lorenzo, Marta. (2019). *Diversas Regiones del Cerebro son responsables de la Espiritualidad.* Recuperado de https://www.tendencias21.net/Diversas-regiones-del-cerebro-son-responsables-de-la-espiritualidad_a11621.html

Maslow, Abraham. (2015). *Psychologist and their Theories for Students: Abraham Maslow.* Cengage Learning- Gale.

Moody, Edward. (2008). *First Aid for Emotional Hurts: Helping People through Difficult Times.* Randall House Publications, Nashville.

Mandela, Nelson. (2010). *Conversations with Myself.* McMilan. Publisher, Oxnard.

Piñero, Antonio. (2018). *Aproximación al Jesús Histórico.* Editorial Trotta, España.

Porras, Gustavo. (2018). *Neurociencias y la Espiritualidad: El Otro Cerebro* Editorial Kier, España.

Rubia, Francisco. (2017). *El Cerebro Espiritual.* Editorial Fragmenta, España.

Rodríguez, Eugenia María. (2010). *Todo sobre el Cerebro y la Mente. Cómo funciona la Mente y como desarrollar al máximo sus Capacidades.* Editorial Planeta, Barcelona.

Sánchez, Gema. (2015). *La Espiral de la Queja.* Recurado de https://lamenteesmaravillosa.com/la-espiral-de-la-queja/

Shelldrake, Philip. (2007). *A Brief History of Spirituality.* Blackwell Publishing: Singapore.

BIBLIOGRAFÍA

Shillebeeck, Edward. (1986). *God Among Us*. Editorial: The Gospel Proclaimed.

Sullivan, Clayton. (2002). *Rescuing Jesus from the Christians.* Trinity Press International, Pennsylvania.

Stott, John. (2001). *The Incomparable Christ*. InterVarsity Press, Illinois.

Tielhard, Chardín. (2008). *Citas de los Más Famosos sobre la Espiritualidad.* Recuperado de https://www. exitoysuperacionpersonal.com/frases-espirituales/

Torrent, Frances. (2016). *La Espiritualidad como Cualidad Humana y su cultivo en una Sociedad Laica*. Recuperado de

https://*cetr.*net/es/la-espiritualidad-como-cualidad-humana-y-su-cultivo-en-una-sociedad-laica/ .

Viscott, David. (1996). *Emotional Resilience.* MJF books, New York.

Watchman, Nee. (2005). *El Hombre Espiritual.* Editorial Clie: Barcelona, España.

Weber, Max. (1922). *The Sociology of Religion.* Beacon Press, Boston.

Wolf, *Virginia. (2019). 60 Frases más Famosas.* Recuperado de https://www.frasess.net/frases-de-virginia-woolf-156.html.

www.ingramcontent.com/pod-product-compliance
Lightning Source LLC
Chambersburg PA
CBHW081952110426
42744CB00031B/1895